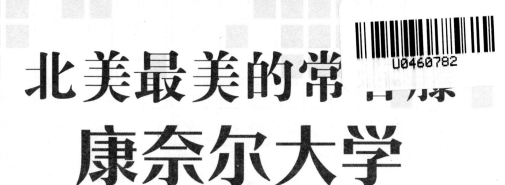

北美最美的常青藤
康奈尔大学

王子安◎主编

汕頭大學出版社

图书在版编目（ＣＩＰ）数据

北美最美的常春藤——康奈尔大学 / 王子安主编
. -- 汕头 ： 汕头大学出版社，2012.4（2024.1重印）
ISBN 978-7-5658-0700-8

Ⅰ．①北… Ⅱ．①王… Ⅲ．①康奈尔大学－概况
Ⅳ．①G649.712.8

中国版本图书馆CIP数据核字(2012)第066427号

北美最美的常春藤——康奈尔大学

主　　编：王子安
责任编辑：胡开祥
责任技编：黄东生
封面设计：君阅天下
出版发行：汕头大学出版社
　　　　　广东省汕头市汕头大学内　邮编：515063
电　　话：0754-82904613
印　　刷：河北浩润印刷有限公司
开　　本：710mm×1000mm　1/16
印　　张：11
字　　数：80千字
版　　次：2012年4月第1版
印　　次：2024年1月第2次印刷
定　　价：50.00元
ISBN 978-7-5658-0700-8

目　录

历史回眸

校园巡礼

成长风云

诺贝尔光环

学风吹过

历 史 回 眸

难忘创始人和雏建

迄今已经有近150年历史的康奈尔大学成立于1865年，是由当时的慈善家埃兹拉·康奈尔和学者安德鲁·怀特两人合作创办起来的，它的创建获得了州长签署的特许状。

历
史
回
眸

康奈尔大学

埃兹拉·康奈尔和怀特在同一参议院任农业委员会主席。埃兹拉·

康奈尔是一位勤劳能干和懂得技术的企业家，当然，他也是一位富有的农场主，他凭借自己的智慧和能干致富。同时康奈尔，还是西部联合电报公司股票的最大拥有者，可见他的富有和实力。怀特是位学者，他曾经去法国和德国留过学，后来就任当时最富改革创新精神的密执安大学教授职位。在康奈尔大学成立的前一年即 1864 年，他当选为纽约州参议员并任参议院教育委员会的主席。正所谓时势造英雄，一个人的事业和功德顺应了当时社会的需求，那么就会取得伟大的成果。当时的莫里尔法案通过了一项提案，纽约州议会正在考虑建立一所适当的农工学院。

康奈尔大学

作为一名学者，怀特本人对此十分欣喜并努力说服他的同事和朋友康奈尔捐资，来共同打造这所新型大学。康奈尔也做出了伟大的行动，他捐出了共 50 万美元并提供校园用地，他的无私与慷慨令人们钦佩。

这项事业也得到了政府的大力支持，并赠予一定的土地和相应的资金，在当时政府、社会及个人的协同努力下，康奈尔大学于 1865 年成立了。由此，也不难看出康奈尔大学从一开始就兼具公立和私立双重性质。在康奈尔，私人捐赠建立的院系曾经一度超过政府创办的，这在美国是独一无二的。康奈尔就是这样的与众不同。

　　当时，美国的教育模式和体制比较严格和单一，甚至有点呆板和循规蹈矩。康奈尔在其创建之初的传统方面，就深深地打下了埃兹拉·康奈尔和怀特两位创立人的个性和抱负的烙印。康奈尔大学不是严格遵循当时现存的教育模式设计创办的，两位创立者所希望看到的是一所全新的大学。康奈尔的诞生预示着：在美国，一个崭新的教育氛围与环境已经创立，人们看到了美国教育正孕育着全新的发展与变化。

历史回眸

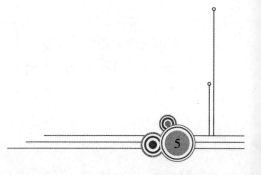

源源不断的捐赠背后

伟大的实业派捐赠者康奈尔曾宣称:"我们将创办一所这样的学校,在那里任何人都可以获得任何学科的教育。"康奈尔大学的首任校长怀特,在上任之初也同时强调:康奈尔没有等级制度,所有的学习课程都

校园的麦格劳礼堂和钟楼

同样重要;学生须在学院参加体力劳动,体力劳动不仅能培养自立精神,也能使学生获得必要的教育费用;科学学习在强调知识的科学性的

同时，也应强调知识的实用性；教育的真正目的是培养个人在社会中成为一个有用的人。两人虽然运用不同的语言，但是他们表达了同样的期望和设想，使康奈尔大学办出自己的特色，自由平等、和谐进取，并对当时的美国社会教育在整体上和根本上产生影响。

当时美国的种族和性别歧视比较严重，甚至有些森严。在教育方面体现在：当时美国大学还不允许女生和黑人同美国白人接受同等的教育权利，这一教育状况使安德鲁·怀特很不满。早在康奈尔大学成立的前三年，他就尽自己的最大努力，用私人捐赠修建了一座女生楼，并于1872年接收第一批女生，这在当时是相当罕见和令人震惊的事情。这种男女平等和尊重女权的思想和行为，得到了需要接受教育的女性的肯

历 史 回 眸

康奈尔大学

定和社会的深思，康奈尔大学由此成为名副其实的女子高等教育的先驱。此后的美国乃至全世界的女子高等教育都得到了长足的发展和进步，今天我们看到的是一个整体健康和谐、性别平等的教育体系。同

时，康奈尔摒弃种族歧视的陈腐观念，允许各个不同民族和种族的人可以坐在一起，相互学习交流和研究探讨知识与学问。康奈尔大学不仅打破了一地一校的格局，而且还努力弥补人为的种族上的隔阂，其主动与汉普顿学院（黑人学院）密切合作，使两所院校都能获得进步和美好的发展未来，这一协作壮举，使两所院校相互取长补短、资源互用、友好共进，共效果显著。

康奈尔大学学术氛围和自由气息很浓，学校一直在多出学术研究成果及与学生进行文化融合方面进行鼓励，学校允许自由选修的特性以及实施了全新的"康奈尔计划"。所谓"康奈尔计划"包括：一种多目标的课程体系；学科、学程、课程均等；科学研究；通过学习商业、行政管理和人际关系的知识来为社会服务；向各阶层的学生开放；中学毕业生可进入学院学习，最著名的高级中学毕业生可获得奖学金；杰出的大学毕业生可获得进行 3 年研究的研究奖金；最优秀的毕业生奖学金获得者可获得特殊的定期生活津贴，以继续研究"国家和世界面临的难题"。此计划的实施力将康奈尔大学打造成具有自己独特办学风格，但又不失欧洲整体学风的大学。

其实，当我们为康奈尔大学兴建后的独特与辉煌赞叹时，我们不仅要问：一个大学的建立是何等的不易，它不仅需要占用足够的土地，而且在资金方面的需求也不是小数目。康奈尔大学的建立就单凭埃兹拉·康奈尔本人的那些捐助就建立起来了吗？难道这样一所打破惯例的学校由无到有就这样一帆风顺吗？其实，这种担心和思虑是很正常的，当康奈尔大学赫然仁立在我们的面前时，我们有必要回忆一下它诞生的故事，因为它是"爱的结晶"。当埃兹拉·康奈尔为掌握着捐赠基金而遭受非难时，却招来源源不断的意想不到的捐赠。人们都将记住，学校的

希伯来语、东方文学和历史学的教授职位都是由捐献人设立的。康奈尔出现以后，引起了全美国的注意。我们难以考证为何会有源源不断的捐赠，但是当我们看到康奈尔大学注重实际并重视和强调基础研究的思想，对所有的人包括向妇女开放的精神，不分等级差别平等的管理方法时，也许我们就会明白：其实，我们并不需要问清捐赠人的本意和好意。

康奈尔大学的建立和不断创新完善为其他院校树立了榜样。在后来的教育发展中，甚至有些新建的院校模仿甚至完全模仿和承袭康奈尔大学的模式和传统办学。康奈尔还促使了研究生院的出现，比如说：1868 年，康奈尔大学宣布培养研究生是该校的任务之一（在耶鲁学院的影响下），并在 1872 年开始授予哲学博士学位。随后，康奈尔同哈佛、耶鲁等

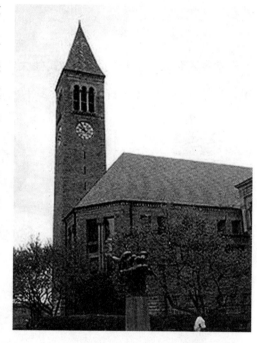

康奈尔大学尤里斯图书馆及钟楼

著名学校先后正式成立专门研究生院以加强研究生教育。康奈尔大学正迈着矫健的步伐、以全新的姿态向更高、更强的方向发展。在后来的发展中，我们看到了它的进步和成功，它以自己的实力向世人展示着作为世界名校的风采。

最年轻的常春藤联盟成员

常春藤联盟最早指的是非正式的大学橄榄球赛事，其起源于 1900 年，当年耶鲁大学捧得首个冠军。多年来美国陆军和空军也曾参加过常

Brown

Columbia

Cornell

Dartmouth

Harvard

Penn

Princeton

Yale

常春藤联盟各校校徽

春藤的橄榄球比赛，但是在联盟正式成立前不久退出。1937 年，纽约的《先驱论坛报》首次用长在墙上的常春藤的比喻来形容这些参加橄

榄球比赛的学校。1945 年 8 月一所大学的体育教练们签署了首个常春藤协议，为 8 支参赛的橄榄球队设立了学术、财政和运动标准。1954 年这项协议被扩展到其他所有运动，该年也被认为是常春藤联盟正式成立的年份。

常春藤盟校指的是美国东北部的 8 所顶尖高等学府，它们都是美国最顶尖、最难考入的大学，且都是全世界接受捐款最多的学府，它们吸引无数最优秀的学生与师资。此外，它们也是美国历史最悠久的大学

历
史
回
眸

普林斯顿大学

——8 所学校中的 7 所是在英国殖民时期建立的。八所常春藤盟校包括：位于罗德岛州，1764 年成立的布朗大学（前身是罗德岛学院）；位于纽约市，1754 年成立的哥伦比亚大学（前身是国王学院）；位于纽约州，1865 年成立的康奈尔大学；位于新罕布什尔州，1769 年成立的达特茅斯学院；位于马萨诸塞州，1636 年成立的哈佛大学；位于费城，

1740 年成立的宾州大学（前身为宾夕法尼亚学院）；位于新泽西州，
1746 年成立的普林斯顿大学（前身是新泽西学院）；位于康涅狄格州，
1701 年成立的耶鲁大学。

　　在全世界范围内的学生心目中，常春藤盟校已经成为美国"名校"
的代名词，因此，有人误以为它泛指美国有名的大学。这八所学府常跟
美国两个世界一流的理工
大学（麻省理工学院与加
州理工学院）相提并论。
所有的常春藤盟校都是私
立大学，虽然它们大多也
接受联邦政府资助以鼓励
学术研究。常春藤盟校之
一的康奈尔大学有 4 所学
院是完全由政府支持的。
几乎所有的常春藤盟校都
以苛刻的入学标准著称，
近年来尤其如此。在过去
的 10 多年里常春藤盟校
的录取率正在下降，很多

宾州大学风光

学校还在特别的领域内拥有很高的学术声誉。

　　由于其悠久的历史和所培养出的精英人才，常春藤盟校成为全世
界接受捐款最多的大学。其中除了布朗大学之外其他 7 所学校甚至收
到几十亿美元捐款。其中哈佛大学的捐款总额达到 193 亿美元，是全
球最富有的大学；耶鲁大学列第二，捐款总额也达到 110 亿美元。哈

佛在波士顿和剑桥市地区拥有总面积达 1.8 平方公里的土地，而哥伦比亚大学是纽约市第二大地主，它的土地价值可能是全世界大学中最高的。

　　康奈尔大学实现了一百多年前一个普通实业家的朴素愿望——让所有人都得到最好的教育。康奈尔是最务实的常春藤大学，和其他常春藤贵族学校相比，康奈尔带有更多的平民气息，康奈尔是美国唯一一所"公私合营"的常春藤大学。康奈尔平等、开放，被教育家们称赞为

康奈尔大学

"美国第一所大学"。康奈尔是最美丽的北美校园，它坐落在恬静美丽的乡村，却拥有最先进的国际意识，它随时追踪最先进的技术和文化发展。康奈尔让承载着人类对火星众多的幻想和对自身未来的种种梦想的"勇气"号成功地在火星着陆。最激、动人心的火星探测在这里进行，

世界上第一头克隆牛艾米在这里诞生。康奈尔将原先不登大雅之堂的酒店管理课程，造就成了世界上权威的专业化课程。康奈尔的农学院已成为全美农业高等教育的最权威，中国著名学者胡适、谈镐生、茅以升等人曾在这里求学。康奈尔还拥有学术界最大、最快的超级计算机，有趣的是，康奈尔不仅是因特网的引领者，还是第一个电脑病毒的制造者。康奈尔是如此地富有自己的特色。

校园巡礼

校玺、校徽和校歌的韵味

　　在中国，玉玺就是皇帝的大印，是权力和威严的象征。有了这个传国大印，皇帝的地位就会被天下人认同，我们在电影电视上也会见到。在日本，神玺不同于中国宫廷的玉玺，它是一种玉石串饰。取种种玉石作为勾玉，头大尾小，头上有孔，穿作一串，悬于颈下，作为装饰。传说古时天照大神（太阳女神）隐藏起来，世上没有阳光，因此诸神聚集在一起，造作此串，唱歌、跳舞和大笑，以此诱她出来，并以镜照她，不让她再躲藏，这也就是镜和玺的由来。知道了在不同国家中有不同的关于玺的不同叫法，那么，作为世界著名学府的康奈尔大学的校玺又如何呢？

　　康奈尔大学校玺其版面刻纹包括埃兹拉·康奈尔的侧面像，康奈尔大学成立的年号以及埃兹拉·康奈尔的题词："我有志于建立一所

康奈尔大学旧校徽

任何人在任何学科都可以受到教育的大学。"校玺原版缩小后，制成了校印，即法玺，用于校内签发正式文件或对外签订协议书等，也是唯一可印于学术证书上的标记。

2004 年康奈尔大学起用了新校徽，相比 1910 年开始采用的老校徽，新校徽有所改变。老校徽的基本构成意图是表现康奈尔大学、纽约州和美国三者之间的关系，其中纽约州和美国又是通过它们相应的州徽和国徽体现出来的。校徽的底色有洋红色和白色两种，新校徽在英文字母上有了改变，就是把原来的创始人名改成了大学的最早创办时间。由于康奈尔大学的校色是大红，象征着鲜艳热烈，热情奔放，所以校徽颜色也是红色。

康奈尔大学校徽

校歌几乎在各个学校都可以见到和听到，它不仅具有优美的旋律和歌词，而且代表和展示了一所学校的精神和追求，是一种团结向上、积极进取的意志体现，也是一种对自己母校的热爱之情。当然，通过不同学校的不同校歌，我们会看到各自的独特个性和相同积极的一面。日本早稻田大学在创校 25 周

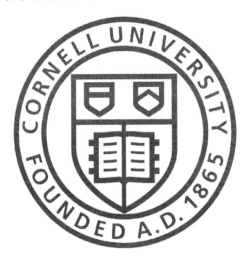

康奈尔大学新校徽

年时，制定了"西北之都"为校歌。它最初采取的方式是向学生征曲，共募集到 23 件作品，但经过审核后认为所有募集来的作品都不尽理想，所以由评审坪内逍遥及岛村抱月另请相马御风花了十天的苦思，完成了"西北之都"的歌词。并由当时的讲师东仪铁笛作曲，完成了校歌。这有歌曲发表后，受到了很高的评价，早稻田大学的"西北之都"与第一高校校歌"Ah Gvokuhai ni Hana Ukete"及北海道大学校歌"Miyako zo Yayoi"并列为三大著名校歌。

康奈尔大学

同样，在康奈尔大学，其校歌是美国最著名的校歌之一。校歌旋律优美、歌词也同样的吸引人。校歌歌词由康奈尔大学本校的两名毕业生共同合作创作的，他们是 1872 届的阿奇博尔德·克罗斯威尔·威克斯

校园巡礼

和 1874 届的威尔莫特·摩西·史密斯。康奈尔大学校歌从它一诞生就得到了人们的喜爱，我们每天都会听到它的旋律，因为它每天都会随钟塔的钟乐播放一次。在康奈尔大学的一些重要赛事及隆重场合等，也会再次听到它美妙的旋律。

康奈尔大学校歌字句虽然不多，但可以让人们仔细体会到它字里行间流露出的种种情愫。让我们一同来分享它的魅力。

康奈尔大学校歌

在卡尤加湖上，

伴着碧蓝的水波，

飘荡着我们神圣的校歌，

多么悠扬，多么壮观！

（叠句）

放开嗓子，齐声合唱，

这美丽热情的赞曲，

向你欢呼，我们的校歌！

欢呼，热烈欢呼，康奈尔！

冲破繁忙集镇上的熙嚷嘈杂，

飘荡在蓝天之中，

背负苍穹，傲然俯视，

这自豪的土地和人间。

艺术博物馆和它的灵魂师

现代感十足的康奈尔大学艺术博物馆是全美大学艺术博物馆中的佼佼者。它的设计师是华裔美国建筑师贝聿铭，这虽然不是建筑史上最伟大的名字，但他无疑是世界范围最为大众熟知的明星建筑师，在中国他更是家喻户晓。

贝聿铭 1917 年 4 月 26 日生于广州。1918 年其父贝祖贻出任中国银行香港分行总经理，贝聿铭在香港度过了他的童年。1927 年父亲调职，举家搬至上海。1935 年他被父亲送往美国宾夕法尼亚大学攻读建筑。后转学麻省理工学院，1940 年他以优秀的成绩毕业。1940 年，贝聿铭在美国一家以混凝土见长的工程公司工作。1942

贝聿铭

年，到哈佛大学攻读建筑硕士学位。入学不久即辍学，工作于国际研究委员会，其主要工作是摧毁德意志境内的桥梁。1945 年秋，二次世界大战结束，贝聿铭开始完成他的学业。因为他在麻省理工学院的优秀成绩，尚未获得硕士学位就被哈佛设计院聘为讲师。

校园巡礼

贝聿铭在 1958 年成立了自己的建筑事务所，所做出的成绩十分令人瞩目。在国外，1978 年贝聿铭设计的美国国家美术馆东馆获普利兹建筑奖。在中国，1979 年他完成了香山饭店的设计；1982 年又设计香港中国银行的中银大厦，是贝聿铭所有设计方案中最高的建筑物。他的作品总是处于公众注意的焦点——巴黎卢浮宫的扩建在法国的遭遇和埃菲尔铁塔几乎完全一样，先遭到愤怒的抵制，而后又被无节制地赞美；美国国家美术馆东馆为他赢得了建筑界的诺贝尔奖——普利策建筑奖；形态如春笋的中银香港大厦，已经成为香港的象征。

校园巡礼

香山饭店

下面我们来共同领略一下他的杰作：

香山饭店　北京香山饭店位于西山风景区的香山公园内，坐拥自然美景，四时景色各异。依傍皇家古迹，人文积淀厚重。此地水清气新，为休闲旅游佳境。饭店周边路网交通发达，五环路擦肩而过，由市中心驾车顷刻而至。整座饭店凭借山势，高低错落，蜿蜒曲折，院落相见，内有十八景观，山石、湖水、花草、树木与白墙灰瓦式的主体建筑相映成趣。饭店大厅面积八百余米，阳光透过玻璃屋顶泻洒在绿树茵茵的大厅内明媚而舒适。饭店建筑独具特色，1984 年曾获美国建筑学会荣誉奖，是贝聿铭在中国大陆的第一件作品。这座 350 个房间的酒店以中国庭院式风格建成，它的屋顶采用了中国传统建筑的轮廓，大堂像一个中国庭院。在香山饭店，西方现代建筑原则与中国传统的营造手法巧妙地融合，形成了具有中国气质的建筑空间。

香港中银大厦

香港中银大厦 在完成香山饭店的设计后，贝聿铭开始他新的设计任务——中银香港大厦。这项设计更为特殊的意义在于，它的业主是贝聿铭的父亲。香港中银大厦在结构和造型上的独具匠心，使它同时赢得了专业人士和热爱风水的香港人的尊敬，人们对他给予了高度的赞扬和好评。整座大厦由递减的三角向上组成的，它减轻了结构的载荷，同时使它更加稳定，而节节升高的造型无疑是吉利的，正迎合人们在生意和生活方面追求的"步步高"。香港中银大厦从 1990 年完工至今，它为国内外所熟知。

贝聿铭应邀设计的康奈尔大学艺术博物馆坐落在中心街和大学街的拐角处，从星期二到星期天每天从上午 10 点到下午 5 点，人们可以免费前往参观。博物馆内的收藏品包括世界六大洲三千年以来的各种素描、绘画、印刷品、雕塑摄影、丝织品和工艺品。博物馆每年约要组织 15 次专业展览，同时还举办各种讲演、艺术品考证、电影录相、现场作业、音乐和舞蹈表演等活动。校园内其他艺术展览处还有威拉德·斯特雷特楼内的艺术室、西布利楼内的约翰·哈特尔艺术陈列馆以及戈尔德温·史密斯楼、马撒·范·伦塞勒楼和奥利夫·蒂雅顿楼内的画廊。

大学出版社孕育勃勃生机

在全世界的著名学府中，几乎都有自己的大学出版社，它已经成为一所高等院校教育体系是否完善的一个标志。比如，我国的名牌大学北京大学，其北京大学出版社前身为 1902 年设立的京师大学堂译书局和编书处，著名翻译家、思想家严复担任译书局总办，其于 1917 年成立出版部。

北京大学

校
园
巡
礼

康奈尔大学出版社由安德鲁·怀特创立于1869年，是美国第一所大学出版社也是一所最大的大学出版社。康奈尔平装版丛书，于1955年首印，是由美国大学出版社推出的第一个平装版丛书。出版社按照非营利性、自负盈亏的原则组织业务，它在英国开辟了一个伦敦康奈尔大学出版社分支机构，主要负责面向大不列颠诸岛、欧洲、中东和非洲地区书籍的编辑、印制和推销工作。此外，兽医药学著作及生物科学方面的部分著作，由出版社以"康斯托克出版集团"的名义出版。经过发展和完善，现康奈尔大学出版社拥有一支一流的作者和编辑队伍，具有雄厚的经济实力、现代出版手段、良好的社会服务功能和科学高效的运行机制及管理水平。我们相信康奈尔大学出版社将出版更多高水平、高质量、高层次的学术著作和大学教材，会将本校的出版社打造成具有自身特色的世界一流的大学出版社。

校园巡礼

中国科学社就诞生在这里

1914 年，在美国康奈尔大学的几位中国留学生，认识到要适应时代的发展，没有科学是难以立国的。大家一致认为，中国最缺少的是科学，应办一个《科学》月刊，将世界先进的科学知识介绍到中国去。

胡明复、赵元任、周仁、秉志、章元善、过探先、金邦正、杨杏佛、任鸿隽 9 人商议决定发行《科学月刊》杂志，向国人宣传科学和科学救国的道理。在《科学》月刊《缘起》中，他们明确指出欧美各国崛起的一个重要原因是科学发达，所以科学是一国兴盛的最重要的条件。办该杂志的目的是唤起中国人对科学的重视，提高民众的科学文化水平。为了将杂志办起，他们各自节衣缩食，

赵元任

校园巡礼

筹措办刊资金；分头编写有关文章，不付稿酬。这一举动和号召，得到

了其他留学生的积极响应，编辑部在稿件和人力方面都变得充足起来。

1915 年春，随着《科学》月刊的出版发行，留美中国学生发起成立"中国科学社"。并起草了社章，其宗旨是联络同志，研究学术，以图中国科学之发达。1915 年 10 月 25 日，科学社正式成立。经讨论表决通过，随即在伊萨卡召开大会，选举任鸿隽为社长，赵元任为书记，胡明复为会计，秉志、周仁等 5 人为第一届董事会董事，杨铨为编辑部部长。《科学》月刊是中国近代出版最早的科学刊物之一。

校
园
巡
礼

康奈尔大学

1918 年前后，科学社的主要成员大多学成陆续回国，董事会决定将科学社从海外迁回国内。先借寓上海大同学院，随即迁入南高师，设立办事处，更名为"中国科学社"，社址新设在校园东侧成贤街的文德

里一处官房内。

　　科学社董事会通过一项提议，决定于 1922 年创办生物研究所，它

是科学社成立的第一个科研所，也是国内唯一的科学研究机构。研究者们经过自己的不懈努力，利用课余时间开展工作，发表了很多有价值的论文并出版了动植物专刊等。这不仅引起了国内外科教界人士的关注，而且还获得了中华教育文化基金会的长期赞助。

中国科学社

校园巡礼

　　中国科学社是我国最早的现代科学学术团体，同时也是一个民间学术研究团体，其宗旨明确写道："联络同志，研究学术，以共图中国科学之发达。"科学社不拘泥于简单的几项，后来还办了《科学画报》，出版科学丛书。为了更好地沟通信息和联络社员情感，更加有利于工作的开展，从 1916 年开始，中国科学社几乎每年举行一次学术讨论年会。后期的中国科学社，发展到三千多人，遍及全国各地，为了便于社员之间的联络和学术活动的开展，上海、北京、杭州、广

州、重庆等地设立社友会。抗战期间，中国科学社一度迁入四川重

康奈尔大学

庆，始终未脱离与南高师及其以后的东大、中大的紧密关系，而南高师、东大、中大也始终以注重科学为办学宗旨。中国科学社是在上世纪中国科学史上一个发生过深远影响的科学团体，它的主要成员在1919年的"五四"运动中发挥了重要作用。中国科学社的力量和作用将被人们永远记住。

成长风云

烧"三把火"保平安

外交家、学者安德鲁·德·怀特任康奈尔大学的第一任校长。怀特当然也是康奈尔大学的首创者，他为康奈尔大学的建立和成长费尽了心血。他精心照顾和培养着刚"出生"的康奈尔，为它今后的辉煌作出了良好的铺垫。

成
长
风
云

康奈尔大学校园风景

一个好的事物向着好的方向发展，需要有正确的思想来指导，对于刚刚建立的康奈尔大学来讲更是如此。正所谓万事开头难，康奈尔大学的创业也是如此。要在近乎荒僻的土地上按照一种几乎是全新的风格实现一种高尚的理想，完成一件宏伟的工程，的确可以说是一个严峻的挑战。康奈尔大学就是在确立明确的思想指导下，经过首任校长怀特的艰辛努力，取得了一系列的成就。这些设想逐渐地从观念到实际，从可能性到现实性，从一无所有到初具规模，一所新型大学在伊萨卡这片蛮荒的土地上矗立起来，以一种令人振奋的勃勃生机展现在纽约州，美利坚合众国以至于整个世界的面前，这不能不说是一个惊喜。

　　怀特校长上任后，在各个方面都进行了改革和整治：

　　在校园环境方面进行了美化，因为康奈尔自身地处的环境因素，学校地势复杂，高低不平。怀特校长首先想办法，将原来高低不平的斜坡地得到平整，并进行了统一规划、统一布局，并在建筑物周围种植了各种花草树木。今天，康奈尔大学成为美国人杰地灵的圣地。今天在美国纽约州伊萨卡看到的康奈尔大学，那里景色优美，气势开阔。康奈尔的校园位于山顶，在图书馆凭窗远眺，只见苍茫无际，一派辽景象。校园占地面积达 740 公顷，与美国东北部典型的较为拥挤的大学相比，呈现出一派宏大气势。后来，他又陆续批准兴建了富兰克林楼、纪念先驱者教堂即殡仪馆教堂、军训馆和体育馆，扩建了西布利学院楼，并将原来的大学北楼、大学南楼改名为怀特楼和莫里尔楼，使康奈尔增添了丰富的气息。

　　在教师队伍的选择和组织方面，怀特凭着自己高超的识别能力和他个人对人才的尊重与爱惜，经过精心的选拔与培育，为这所新兴大学积聚了一批出类拔萃的优秀人才，组成一个具有创造精神，具有健全人格，能启发、激励年轻学生的、蓬勃向上的群体。怀特还不断提高教师薪金，使他们在教学和校政管理方面享有更大的权力。此外，怀特还减少或合理安排教师的授课时间，增加图书馆和实验室资料设施，使科学研究逐渐成为康奈尔大学的一个专注方向。

康奈尔大学一景

成 长 风 云

在学生事务方面，怀特较大幅度地拓宽了课程范围，使学生有更多可以选择的机会；增加了奖学金的名额和数量，较大程度地减轻了学生的经济负担。由于他的特别和优越之处，学生自首次招生以后，人数不断增多。又由于后来采取了更多的优越措施，学生人数不断上升。

学校采取的学生自助和体力劳动，仿军事管制，兼容三教九流，允许学生成立包括文体活动、社会活动、情感交流、宗教信仰、学术研习在内的各种联谊组织，吸引了不同社会背景的年轻人，使他们来到伊撒卡，在学习专门知识的同时，感受这所新兴大学开拓向上的气质与追求。一天时间安排得十分严格，整个学习、生活、劳动的节奏显得相当紧张。这是创业时期，需要充满对未来的希望，需要前进中的开拓精神，需要忍受艰苦的工作条件，培植出一种勇气，磨炼出一种百折不挠的意志，从而使学生们随着学校的逐渐发展而健康地成长。在最初几届

成长风云

康奈尔大学一景

学生当中，课程内容从一开始就设有科学课程，哲学和综合课程，艺术和经典文化课程，选修课程和特修课程 5 大类。根据专业学科逐渐成立了各种教学与行政机构，范围从农学、兽医药学、建筑学、化学、物理学、机械力学、土木工程学、历史和政治科学、语言学、文学，逐渐扩

展到包括理、工、农、医的大部分领域，同时各门大学科内也逐渐出现更精细的专业。这些给美国展示了康奈尔大学的第一形象：它是一座规模宏大的学校，在该校无论是学生还是教师都可以进行多种选择。

到 1876 年，也就是康奈尔大学招生后的第 8 个春秋，校园内已矗立起 8 座建筑物，购置了一些农场设施。学校拥有教师 44 名，学生人数达到 561 名，其中还包括 23 名研究生。毕业生人数与日俱增，在社会上产生了越来越明显的影响。至此，康奈尔大学度过了创始阶段的各种困难，取得了社会认可值和社会知名度，以扎实的物质基础和明朗的精神风貌，走上发展壮大的轨道。

1876 年到 1881 年，康奈尔大学度过了一段犹疑不定的时期。1876

成长风云

美国伊萨卡镇

年，怀特因健康原因，决定赴欧休假一年，由副校长拉塞尔代理校长。拉塞尔虽然胸怀明了而且有正确的教育理想，但因无力筹措到足够的资金制订各种行之有效的治校方针策略，而未能代替怀特校长将康奈尔这个庞大的机体推到令人满意的运行水平。怀特于 1878 年 9 月返校，但 1879 年 5 月又离校出任美国驻德国大使职务，直到 1881 年才又回到校长岗位上来。这期间，学生人数不断下降，仅有 384 人。

1881 年 9 月，怀特重返伊萨卡，康奈尔大学进入了一个所谓 1881—1885 年重整时期。怀特在欧洲逗留的几年里，虽然康奈尔大学一度停滞不前，但同时也给了学校一个必要的思考和准备时期。在欧洲，怀特通过各种渠道，进一步丰富了自己的办学思想，进一步明确了自己的治校方法，从而使康奈尔大学有了更为健全的指导精神。

然而，由于精力和身体的原因，怀特于 1885 年 6 月 17 日向董事会正式递交了辞职书，董事会也批准了他的辞职。他就任的时期，正是美国大学建设的伟大时期。怀特一生为康奈尔以及美国的教育事业所作出的贡献是功不可没的。他的教育理念、教育方法、管理制度及其一系列全方位的改革，不仅使康奈尔与众不同，获得勃勃生机，而且对美国的整个教育系统和内容都有了很大的冲击。

成
长
风
云

大刀阔斧开拓创新

继怀特之后走上康奈尔大学行政首脑宝座的，是怀特在密歇根大学任教时的学生查尔斯·肯德尔·亚当斯。亚当斯于 1835 年出生于佛蒙

密歇根大学

特州的德拜，自幼跟随父亲从事农场劳动，只受过小学教育。直到 22 岁，亚当斯这个瘦长且略显笨拙、固执的年轻人才有机会步入高等学府。1861 年毕业后，亚当斯留校从事历史学研究。1874 年，他出版了

成 长 风 云

《法国的民主和君主》一书，在学术界开始引起人们的注意。但是，当1885年怀特推举他做自己的接班人时，董事会里最普遍最强烈的反对意见还是因为他尚未取得理想的社会知名度。但由于怀特坚持举荐，亚当斯坐上交接椅。

亚当斯就任校长后，首先想到的是应该使学校在普通课与专业课、人文学科与技术学科之间保持平衡，为此，应迅速提高人文科学的学术地位；其次是要重新组织行政机构，克服相互重叠、相互扯皮、办事效率低等弊病，为此，他将系建制改为院建制，任命院长负责各学院的行政工作；第三是要消除大学教育中存在的冗长费时现象，尽可能缩短完成学业的时间；最后是要减轻压在教师肩上的沉重的教学负担，使他们有更多的时间从事科学研究工作，从而保证学校能在各专业领域保持先进水平和权威地位。

按照这些想法，亚当斯逐渐展开了自己的工作。在其任期内，校园建设上兴建了巴恩斯楼、林肯楼、博德曼楼、摩斯楼和校图书馆等5座重要建筑，以及一批道路、照明、美化、供水、科研、教学等设施，使康奈尔更加美丽和丰富。学校组织结构也进行了调整，人文学科得到充实，特别重要的是建立了康奈尔法学院。教师待遇进一步得到改善，教学质量明显提高。

亚当斯选择聘用了一批德才兼备的知名教师，他们当中有后来成为学校第三任校长的雅可布·古尔德·舒尔曼、就任过加州大学校长的本杰明·艾德·惠勒、当任过美国历史学会主席的乔治·林肯·伯尔以及可与哈佛的詹姆斯和桑特亚那、耶鲁的威拉德·吉布斯、纽约大学的约翰·威廉·德雷珀齐名，堪称康奈尔大学史上的最伟大教员之一的海德·贝利。学生的学习、居住、饮食、洗漱、

体育、娱乐条件得到较全面的安排，各种有益的活动广泛开展起

康奈尔大学一景

来，入学人数逐渐上升，从接任到卸任人数增加了近一千人。在这个时期进校的学生不少在以后成为知名人物，如：马里奥·加西亚·梅诺卡，1888届，古巴总统；霍勒斯·怀特，1887届，纽约州长，最高法院法官；约翰·莫里森，1890届，爱达荷州长；安娜·康斯托克，1886届，科学家，被誉为美国最突出的12名妇女之一；约翰·莫特，1888届，国际基督教青年会领导人，诺贝尔奖金获得者；亨利·伊克海默，1888届，银行家；斯坦伍德·门肯，1896届，律师和政治活动家等。

在亚当斯任职期间，康奈尔大学经历了重构和转机，以及学校人数、资源、教育质量、师生士气都不断上升的良好变化。在这之前，由于怀特校长个人人格、兴趣和理想的深刻影响，康奈尔大学实质上成了

成长风云

一所太多地浸染了个人色彩的大学。康奈尔大学要在历史的长流中经受住多种变化的考验，尤其在经历了个性发展时期后，更应当有一个正统、规范、谦和的人引导它继续前进。亚当斯正好适应了这一历史需要，从而使康奈尔大学上升到一个新的阶段。

成
长
风
云

跨越世纪经受一战洗礼

康奈尔大学在前几位校长的领导和改革下，已经获得了重大的发展。亚当斯在任时期的调整、积累，虽成果显著，但略显平静、沉闷，此时，需要有一段雄浑有力、鼓舞人心的时期。与这个形势要求相适应的是产生了一个热情、开朗、才智横溢的领头人——舒尔曼。

舒尔曼于1854年5月22日出生于普林斯·爱德华岛的弗里顿。和亚当斯一样，他从小就帮父亲在农场干活，只接受过很少的学校教育。后来，经过自己的勤奋努力，他才从伦敦大学、爱丁堡大学取得学位，并在德国进行了两年多的研究和旅行。他不断地向别人学习，在德国他还拜会了当时出任大使的怀特，他与怀特亲切的交流和探讨，两人彼此留下了深刻的印象，这为他来到伊萨卡成为一代风流人物也埋下了可能。舒尔曼的个性和爱好为他担任康奈尔大学校长奠定了基础，他是一个体格结实健壮的人，他爱好运动，特别喜欢滑冰和打高尔夫球。他精力十分充沛，雷厉风行，浑身散发出朝气和活力。在舒尔曼领导下，康奈尔大学经历28个春秋，从一个世纪进入到另一个世纪。这种横跨世纪的历史动力，也许部分来自他人格的内在力量。

舒尔曼十分注意教育，舒尔曼的教育理想在他1888年题为《一所人民大学》的校庆演讲中作了概括性的阐述。他认为，一所优秀大学应

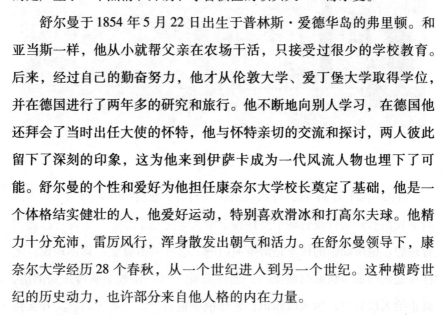

成长风云

具有如下基本性质：一是不专制，不排除异己，真正平等地接收和容纳来自不同阶层、不同群体的人及其思想；二是认识到科学知识是一切追求、一切进步的基础，并能够提供满足大众需要的各种课程；三是能够敏锐地感受和适应变化。这些阐述是多么精辟和求实。

爱丁堡大学

1892 年 11 月 11 日，舒尔曼出任校长后，便很快认识到如何在自己对学校的有效的行政管理中坚持康奈尔大学的基本原则，实现自己的教育理想。他所面临的任务是清楚明白的：怎样筹措资金，具体地说，怎样从纽约州那里获取财政支持；怎样鼓舞士气，使教学搞得生动活泼，真正给人以启发，给人以知识；怎样说服董事会，使董事们领会并支持自己的办学方针和政策；怎样进一步改善教师待遇，稳定教师队伍，吸引一批优秀学者来到这里，他的任务仍很重。

康奈尔大学校园风景

成长风云

在舒尔曼担任康奈尔大学校长期间，康奈尔大学取得的最重要进展是它与纽约州之间的关系得到加强，从共同培训农业技术人员开始，到合办纽约州立兽医药学院和林学院，逐渐形成一种一方负责经费一方负责教育共同举办"契约性学院"的合作模式。由于这种合作关系的确立，康奈尔大学的财政得到有力的支持，一些设想和计划得以实现。康奈尔大学也在这种合作中获得了一定的进步，各专业、系、院大都得到充实、加强，部分的系和专业如化学发展成为当时该学科的带头力量。

舒尔曼在优化学校行政运行机制的同时，对校长的地位和权力也作了必要的限制和修改，使之在人事任免和重大问题取舍方面能够更多地听取董事会及各系各专业委员会的意见，避免了独断专行，提高了决策的民主化程度。学校物质建设方面，兴建了兽医学院楼、水力学实验楼、西布利东楼和家畜楼，对各种联谊组织的活动场所进行了整修，此外还为校园交通和美化修建了一些桥梁和景点。教师开始实行退休和发放抚恤金的制度，在职待遇也得到进一步改善。整个教师队伍的规模不断壮大，涌现出一批杰出人才，他们取得了骄人的成就。如第一位女教师路易丝·布劳内尔小姐；罗曼语言学教授于1896年任艺术学院院长；1900—1901年任代理校长的克兰；后来成为英国著名哲学家的希勒；英史专家亨利·摩斯·斯蒂芬斯；农业专家贾雷德·范·瓦格纳等等。学生学习的热情和生活的独立性不断提高，包括社会、职业、地区诸主题或反映共同兴趣和爱好的各种俱乐部、联谊组织纷纷成立，文化、体育活动生气盎然，入学人数直线上升。

成长风云

俯瞰康奈尔大学

在这个时期入学，后来成为社会名流，并为康奈尔赢得荣誉的历届毕业生有：任过衣阿华州议长的1894届学生雷蒙德·皮尔逊；任过新

墨西哥州州长的 1894 届学生赫尔伯特·哈格曼；任过工商界领袖和驻外大使的 1894 届学生迈伦·泰勒；画鸟专家 1897 届学生路易斯·阿加西斯·富尔特斯；出版家兼记者 1898 届学生弗兰克·甘尼特；长期担任众议院议员的 1898 届学生丹尼尔·里德；工业企业家 1899 届学生沃尔特·蒂格尔；被提名为总统候选人的 1897 届学生帕利·克里斯坦森等等。这些已经久远的几乎被人们淡忘的名字，听起来还是那么熟悉，历史将会记住他们，人们同样不会忘记他们。

康奈尔大学是自信而沉着地进入新世纪的。但刚迈进新世纪不久，历史就给它提出了一系列新的挑战。首先是学生人数激增，教师、教室及其他教学设备不能与之同步增长，教育方式也需要调整，教育质量面临着下降的危险。学校行政工作越来越繁重，校长因此需要采取更合理、科学、有效的控制方法才能贯彻自己的治校方针、政策；在新的历史条件下，教师的素质要求包括更广泛的内容，研究能力及在学术界的知名度日趋重要；学生人数增加，使学生与教师接触的机会减少，学生之间也开始出现虽同学在一校却互不相识的现象，作为补偿的是学生之间成立了更多的小团体，开展了更多形式的校园活动等等。

所有这些，为康奈尔大学指出了新的努力方向。新世纪校园建设逐渐步入统一规划、统一设计的轨道。总体布局显得更加合理，整体水平得到提高。农学院在利伯蒂·海德·贝利的领导下，于 1907 年成立了家庭经济学系，同时采取措施加强了农业科学技术开发研究；医学院由于荟集了威廉·波尔克、刘易斯·斯廷森、詹姆斯·尤因、格雷厄姆·勒斯克、弗雷德里克·古德奈茨等一批名流，因而更加生机勃勃。其他学院也各尽其能，各显神通，如夏季学院一直保持稳定发展，到 1915—1916 学年，入学人数已达到 1846 人。全校学生人数不断增长，

1913—1914 学年入学人数高达到五千多人，学生中的成份也有了较大的变化，不仅女生越来越多，而且有色人种和外国籍学生人数增多。中国留学生陆续进入了学校并表现十分出色，比如 14 届的学生胡适，他后来成为中国白话文运动的名人。毕业生逐渐意识到自己对于母校建设和发展的作用，1910 年成立了康奈尔人议事会，四年后，又成立康奈尔妇女俱乐部联合会，为联络校友、募集资金、治校建校贡献力量。在以后的学校发展中也表现出了巨大的力量和作用。

康奈尔大学风景

　　康奈尔大学还与时事紧密地相连。1914 年第一次世界大战爆发后，康奈尔大学曾一度进入备战状态。四年后，几乎所有康奈尔男士都穿上了军装，学校俨然成了一个军事训练基地。战争中，康奈尔共计获得五百多次嘉奖，这里面挺现出的优秀人物有：1901 届的卡罗琳·桑福德·芬利、1902 届的安娜·艾琳·冯·肖利、1907 届的玛丽·克劳福德三位女医生在海外医院服役行医，晋升为校级军官，这是美国妇女第一次取得军衔；1916 届的莱斯利·雅各布·拉梅尔成为国家航空作战队中的王牌飞行员；1918 届的詹姆斯·阿曼德·迈斯纳；1919 届的艾伦·路易斯·埃格斯，他还得到了国会荣誉勋章；1920 届的杰西·奥林·克里奇；1921 届的约翰·唐纳森，但不幸的是有 216 名康奈尔人在战斗中丧身。战争给康奈尔大学以很深的启示，其中最重要的是认识到科学在国家发展中的至关重要性，认识到自己在支持科学研究、促进科学进步中的义不容辞的责任。

康奈尔大学

1920 年，舒尔曼正式卸任，1921 年任命为驻中国外交官。舒尔曼是一个乐观者，对现实世界保持亲切、理解和积极参与的态度。在他心目中，康奈尔大学应该是一个生机勃勃、快活怡人的地方，在全力实现古代理想主义和现代工业主义的完满结合中既适应世界变化又能自得其乐。在他任期内，康奈尔大学的学生人数从 1538 人上升到 5765 人，校园面积从 200 英亩扩展到 1465 英亩，兴建了兽医学院、农学院、医学院和林学院 4 个专业教学机构。在 50 年校庆致辞中，他不无自豪地宣称，在康奈尔大学授出的 2 万个学位中，由他亲自授出的就有 17500 个。的确，康奈尔在他的领导下，经历了最重要的发展时期，一跃成为美国的一所著名学府，也是世界的一所著名学府。

成长风云

"红十字" 挑战坎坷 16 年

伟大的舒尔曼辞职后，于 1921 年 6 月 30 日选择美国红十字会协会主席列文斯顿·法兰德博士担任校长，这也是康奈尔历史上的一大亮点。

法兰德于 1867 年出生于新泽西州的麦瓦克。1888 年从普林斯顿大学毕业后不久，在纽约医师学院获得医学博士学位。法兰德在国外学习

普林斯顿大学

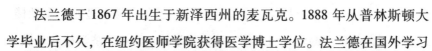

成长风云

过两年，由于对原始心理学感兴趣，所以曾随著名社会学家弗朗兹·博厄斯赴美洲西北部进行考察。1903 年，他被聘做哥伦比亚大学人类学教授。1914 年，出任科罗拉多大学校长。1917 年，受洛克菲勒基金会国际卫生部派遣率肺结核防治队赴法国，将自己所发明的试验方法应用于各个方面，取得很大成功，并因此被选做美国红十字会主席。

法兰德与康奈尔共命运。法兰德在 1921 年 10 月 20 日开始就职，1937 年退休，他带领康奈尔大学度过了不寻常的 16 年，其中包括使整个美国社会为之震荡的大萧条时期。在他就任期间，由于对财政及物质方面的问题进行了有效地处理和控制，康奈尔大学呈现出稳定进步的发展形势。校园建设除完成了男生公寓、贝克实验室、兽医学实验室、供热厂以外，还安排了成拉德·斯特拉特楼、巴尔奇楼、迈龙·泰勒楼，以及农学院校区上的乳品加工楼、植物科学楼、农业经济学楼和马撒·范·伦塞勒楼等基建项目，使康奈尔更加多姿多彩。经济上尽管有大萧条的冲击，但康奈尔大学里各学院的基金仍呈上升态势，房地产净增值达到 1620 万美元。教职员工的待遇得到明显改善，不仅增加了工资，提供了集体人寿保险，而且还丰富了退休金的内容。院、系机构方面新辟了家庭经济学院及其附属的宾馆管理系，兴建了植物园，成立了标本局。日益丰富的院系，使校园呈现出了勃勃生机。设在日内瓦的州立实验站划归学校管理，校出版社也蓬勃发展。音乐、美术、戏剧、区域规划、化学工程、管理工程等学科或制订了系统的教学计划，或成立了专门系。在法学院和兽医药学院入学要求得到强化，整个学校开始形成标准的选择性录取程序。体育及各种有益的竞技运动得到鼓励和支持，并成为学校的时尚活动。最为重要的是，医学院与纽约医院和寄宿医院合并，一跃成为一个影响极大的医学中心。整个康奈尔正在发展壮大。

康奈尔大学风景

当然，人无完人。法兰德任内 16 年也有一些令人遗憾之处。总的来看，法兰德治校是随心所欲的，因此，学校有的方面发展得较好，有的方面却由于缺乏强有力的领导而稍有滑坡，或只是简单地重复过去。只能说，每位校长都有自己的特点。怀特的治校是依仗了他那摄服人心的理想主义，舒尔曼治校是由于他那充沛的热情和能量，法兰德治校是凭他那友爱、善良、微笑和人情味使整个校园沿着自然之道保持发展的。

成长风云

德依改革勇闯二战难关

　　继法兰德后，出任康奈尔大学校长的是艾德蒙·埃兹拉·德依，他于1883年12月7日出生在新罕布什尔州的曼彻斯特。在乌斯特、马萨诸塞的公共学校，他读完了小学和中学，进入了达特茅思学院接受高等教育，取得良好学习成绩，1905年获得理学学士学位，1906年又获得文学硕士学位，一人两年分获理学学士和文学硕士实在厉害。此后，凭借努力，他进入哈佛研究生院，于1909年获得经济学博士学位后留校任教，升至经济学教授及系主任。

密歇根大学

第一次世界大战期间，德依出任国家船运局和战备工业局统计官员。1923年，德依离开哈佛去密歇根大学就任经济学教授，成为该校工商管理学院的创建者及首任院长。1929年，他离开密西根大学出任洛克菲勒基金会社会科学部主任，同时兼任基础教育协会普通教育部负责人，他在各个岗位都作出了杰出的贡献。

德依属于十分自信的那种人，他坚信自己对于人和事物的种种判断，看重自己的目标和愿望，热衷于社会的改造和不断完善，全身心地致力于自己的职责和任务。从1937年7月1日就任后，他就将自己全部精力奉献给了康奈尔大学。由于他的秉性，他决定对康奈尔大学在各个方面进行改革。

康奈尔大学风景

席卷整个世界、影响全人类命运的第二次世界大战的爆发，使康奈尔大学在风雨飘摇中动荡，德依在任期间正好遇上了。康奈尔似乎有些

成长风云

"疲惫"，伟大的德依始终意志坚强，他以他坚强有力的领导才能，使康奈尔大学经受住了战争的巨大冲击和历史的严峻考验。

自从上任后，德依不断地开展观察和调查研究，在此基础上开始了学校行政管理机构的改革，涉及面从董事成员优化构成到学校中枢结构的良性运营，从各学院决策委员会和行政领导班子的最佳配置，到各专业学科领域的合理布局等等。康奈尔在"硬件"和"软件"方面都有很大提高，同时，学校的物质条件也有了显著变化。穆尔兽医学实验室、奥林化学及矿冶工程学楼、萨维奇营养学楼、纽曼核研究实验室、克拉拉·迪克森女子宿舍、行政楼、国家植物、土壤及营养学实验室，以及教职员工住宿区都在逐渐兴建。在德依退休之际，仍有他成就的体现：正在建设或已作好基建准备的有斯塔特勒楼、阿纳伯尔·泰勒宗教楼、蒂格尔男子运动楼、新的供热工厂，以及为动物饲养、农业工程、农艺学、工业与劳资关系、兽医学院及农业和家庭经济学图书馆所用的一系列州赠建筑物。此外，工程材料加工实验室、电子工程楼也在开始筹建，德依为康奈尔的建设与发展费尽了心血。

勇于创新是德依的一贯主张，他对学校的精神贡献是难以估价的。他不太顾忌传统，他所热衷的是创设一种新的东西，如一个学院、一种新的研究领域或一个新的计划。在他最后一次报告里，德依概述了自己所涉足的三个当代高等教育前沿课题：基础科学与技术性应用知识之间的关系，如何认识受教育者应用所学专业知识导致的社会影响、高等教育对于维护美国生活方式的责任和义务。这三个问题至今仍是高等教育的热点课题。

经过德依一系列行之有效的改革，不仅使康奈尔大学得到了复兴，而且为康奈尔的前进和不断发展进步开辟了道路。

成长风云

诺 贝 尔 光 环

把精神之爱献给世人

赛珍珠，1892年6月26日生于美国西弗吉尼亚州的希尔斯伯罗镇。1973年3月6日死于美国佛蒙特州的但比市，享年81岁。

1923年，赛珍珠在美国刚刚崭露头角，但她的文章还引不起一般美国人的重视。1925年，一位年轻博学的美籍农科专家——约翰·布克，也就是赛珍珠的丈夫，替她在康奈尔大学争取到一笔奖学金，赛珍珠用了一年工夫成了文学硕士，但她的作品并未因为她获得硕士头衔而得以畅销。虽然在康奈尔她获得了好的文凭，但是她在创作上却没有达到理想中的高度。

赛珍珠在康奈尔大学攻读文学硕士时表现出了巨大的写作潜能。她十一二岁时即用英文写作小块文章在上海某刊物上发表。在读女子学院四年级时，她就一举夺过全校最佳短篇小说、最佳诗创作的唯一的双奖。在人才济济的康奈尔大学，她还夺过康奈

赛珍珠

尔大学论文比赛的冠军，其论题是《西方对中国生活和文化的影响》，看来这是她第一次尝到以中西文化交流为题材写作取得成功的甜头。当然，能对中国文化、中国小说史有更高深的了解，她还得益于一位名叫龙墨乡的先生。在她研读了大量的英文小说、中国小说、话本及典籍之后，她开始左右开弓，一手抓译事，把《水浒》译成英文；一手搞创作，在报刊发表小说，作了文学起步的练习。

马克·吐温

诺贝尔光环

当时的西方世界，对于中国人是抱着藐视态度的。他们中的一些作家，肆无忌惮地将中国人描写成卑贱龌龊、奸险狡猾的无耻之徒，着力编造他们暗杀、使毒计、强奸的情节。连著名作家马克·吐温也与人合作炮制过一出很出名的闹剧《阿兴》，其间充斥丑化、侮辱中国人的内容。

赛珍珠却以厚实的中西文化积累为底蕴，以"最好的生活素材全是我们自己的中国农民"为出发点，以写下"为敬爱的中国农民和老百姓所感到的义愤"为行动，头顶中国的蓝天，脚踏中国的土地，笔写中国的乡镇。

在康奈尔大学没有得到她理想中的创作辉煌，她想，她还需要到创作源泉中寻找灵感。不久她又重返南京，在金陵大学这座小洋楼内，一边从事创作，一边教英文。在创作方面，她有了自己的创作原则，重点由原来的写短篇改为着手写长篇小说。经过两年的日夜拼搏，她终于完成了《大地》的创作。在中国大地上，她用她的全身心体验和至诚至深的情感都融入和写进了《大地》中。她对这本书寄予了厚望，以为带回美国可以顺利发表，但是，结果却出乎她的意料，美国的众多出版商都对她和她的作品《大地》冷眼视之。后来她不得不想办法托人帮忙，最后，她的一位好友将书稿送到一家名叫约翰德书店的老板里查·丁·瓦尔契那里。瓦尔契在领略了赛珍珠的美丽的照片和材料后，最终答应出版《大地》，但在稿酬方面要视促销出售情况再定。这对于急于出版自己作品的赛珍珠来讲，无疑是一个好消息。于是，她欣然答应了瓦尔契的条件。《大地》终于在1930年出版了，第二年就荣获普立兹奖，接着成了第一畅销书，从此她的殊荣也就接踵而来。赛珍珠的成功源于她对文学的热爱和追求，她在康奈尔的学习和进修时间虽然并不长，但是这段时间的学习和提高，为她创作《大地》和后来的长足发展奠定了坚实的基础。

赛珍珠今天取得的成绩，与她在康奈尔大学的深入学习和深造是分不开的，同时也与她幼年的成长息息相关，她的优秀作品的问世，源于她对种种生活的体验。

赛珍珠出生在一个传教士家庭。她的父亲阿伯萨隆·塞登斯垂科早在

普利策奖创办人约瑟夫·普利策

19世纪70年代就与妻子远涉重洋到中国传教。她所有的哥哥姐姐都出生在中国，其中三个因患热病而夭折。父母为了安全地生下他们的第五

诺贝尔光环

个孩子只得暂时回到美国。当母亲第一次把这个健康的女儿抱在怀里时，她看起来就像一颗小小的珍珠，所以他们给这个令他们颇感欣慰的孩子取名"珀尔·康福得"。"康福得"的意思是"慰藉"，它代表着家庭的这段历史。

她刚满三个月时，父母就带着她和哥哥埃德温返回了中国的镇江。镇江位于长江下游，她们家就住在这条雄浑大江的边上。父母有意避开外国传教士的居住区，选择了一所与中国人为邻的小房子居住，这所房子坐落在一个小山顶上，视野开阔，市内的红瓦屋顶和江上的喧闹繁忙景象可尽收眼底。赛珍珠在这里一天天长大，常常凝视着窗前，那滔滔奔腾的长江犹如通向世界的隧道，引起她无限的遐想。镇江作为儿时的印象的代表，定格在她的脑海里。

她终生都觉得她的母语是汉语，而不是美国的英语。在康奈尔大学学习时，她还是非常希望和喜欢与他人用中文交流，但是毕竟英语在全世界更加通用，所以她更加期盼和怀念在中国的亲人和朋友。在她的心目中，所谓故乡就是王妈在摇晃着她进入梦乡时所哼唱的那些儿歌、俚调，以及为了抚慰她孩子的苦恼而讲述的那些童话和故事。王妈是她们家雇用的中国保姆，在她出生之前就已经在她们家里呆了许多年了，她的兄弟姐妹王妈都抱过，王妈给予了她全部的慈爱。

小小的她想起王妈的时候，她的心里便充满了一种与对亲生母亲全然不同的感情，那是一种浸透着割舍不断的绵绵温情的肌肤之情。甚至有一段时间，亲生母亲的模样在她脑中几乎完全隐没。以至后来她这样问她的母亲，我跟着阿妈生活的时候你到什么地方去了？"她回忆说："相当长一段时间，我的世界里只有这位穿着一身蓝衣服、个子矮矮的阿妈。除了那张俯在我身边、布满皱纹的小脸盘我什么都看不见……一到晚上，周围一片黑暗，压得我几乎透不过气。每当这时，我就感到有双大手把我从床上抱了起来，我顿时觉得一阵轻松，便舒舒服服紧紧依偎在她那温暖的怀里。"

赛珍珠

在她还没有进入康奈尔大学学习和深造之前，她的许多小说中，常常用另外一种表现为占有欲，并且以冷漠无情来惩罚孩子的西方式母爱来反衬阿妈的拳拳慈母之心，尽管也许是一种宽泛或者经过美化的母爱。

镇江周围安宁平和的农村环境对她有着特殊的吸引力，使她的眼界大为开阔。而在 20 世纪 20 年代革命带来的动荡里，这里发生的一切也给她的心灵留下了一层阴影。空闲的每一分钟她都要跑到中国邻居家里去，有个中国女孩是个孤儿，在长达数年的时间里一直是她最要好的朋友。"她是我所信赖而且让我感动的第一个人。当时我的妹妹还很小，我跑到村子里去玩的时候从来不带着她……在中国农民家里我受到热情的接待，人们对我非常友好。"

孩提时代，她经常看到阿妈凭着天生的机智和对世事的洞明战胜她父亲那些不可动摇的原则，即便涉及到信仰问题也是一样。有一次她戴着一顶阿妈亲手做的、绣着菩萨的帽子，母亲认为一个传教士的女儿戴着这种帽子不合适，于是父亲决定禁止再戴这种帽子。但老阿妈却反对父母的意见，她对她父母说："相信一个外来的上帝好倒是好，但谁能

诺贝尔光环

知道，在一块不属于他的土地上他说的话是不是起作用？所以啊，最好是求所有的神都来保佑。无论如何，我们本乡本土的神是会保佑我们的。"

中国镇江风景

她从这类亲身经历中，很早便接纳了一种重要的人生哲学：如果必要，应该允许所有天上的神同时存在。更重要的是，世界上所有国家的人，不管他们之间有什么样的差别，都应该受到平等的对待。

她在后来求学路上表现出的种种对事物本质的渴望，与她还是个孩子时的"习惯"有很大关系。她是一个勤奋好学又"好奇心非常重"的孩子，经常缠着每一个人问问题。幸运的是，总有一些人喜欢讲故事。她对左邻右舍种田的方式也非常感兴趣，对他们依靠这么一小块土地养家糊口的艰难特别同情……如果天不下雨，她会和农民们同样发

诺
贝
尔
光
环

愁，有时甚至跟着他们一道儿去求雨。

《雾都孤儿》剧照

赛珍珠在康奈尔求学期间以及后来成名以后，经常会向人们提起对她走上文创之路影响巨大的作品和作家。其实，她的家里几乎没有什么儿童读物，但有一本《汤姆·索亚历险记》和《哈克贝里·芬》，还有一些沃尔特·司各特和19世纪英国现实主义作家的小说。尤其那套查尔斯·狄更斯的作品，尽管有些不全，却成了她最喜爱的书籍。她7岁的时候，就已经读完了《雾都孤儿》。在后来的十年中，她至少每年都要把父母书柜里摆的狄更斯的所有作品重读一遍。书中洋溢的激情，人与人之间的温暖，对善良人性的坚信以及对儿童的热爱，都加深了她对狄更斯的折服并激发起她的想象和激情。

狄更斯完全生活在他书中人物的感情世界里，与他的主人公同呼吸共命运。他会为他作品中孩子的死亡痛哭失声，他会把他写的那些流氓恶棍当作自己不共戴天的仇敌。他的很多特点在赛珍珠与其作品人物的交流中都有具体的体现，她曾说："我无法解释文学的创作过程。但当我称呼我的人物的姓名时，他们就会出现在我的面前，仿佛就站在这个房间里。

赛珍珠在康奈尔大学接受的是全新的理念和思想，她表现出强大的求知欲，但是，她还时时怀念她10岁时父母给她请的一位中国家庭教师。后来，她的《大地》等与农民息息相关的作品中表现出的"儒"性，都深受这位老师傅的影响。师傅姓孔，是一位饱学的老夫子。从1902年到他1905年去世，在每天上午的正规课程之后，为她辅导两个小时的中文和书法，并给她讲授这个国家的历史和文化。这种与她所受的教育相矛盾的教学让她感受到了东西方世界观之间的巨大差异。

孔先生不仅给她讲授儒学的要义，而且还以身作则，身体力行。赛珍珠将孔先生那种智者的中庸平和与父亲那种传教士的慷慨激昂加以对照，发现"美国的传教士到中国来不是因为他们热爱那里的人民，而是因为他们想要满足他们自己的宗教需求。每当父亲宣讲他那套教义的时候，我就有一种不舒服的感觉，并且想：他要是一声不吭，只去实行他唠叨不休的那些东西该有多好！"

她还同孔先生探讨了全民起义的原因及其可能的后果，孔先生预言中国赶走白人的时代即将来临，并且讲述了他的理由：白人剥削和压迫中国人，他们代表西方的利益，但对中国来说这是不平等的，非正义的。在1905年孔师傅去世后，不满13岁的她转到了上海的一所寄宿学校。从专业教学和科学的角度看这个学校的教育不怎么适用，有点像是人们说的那种"社会学校"。

赛珍珠

她的母亲认为这样的教育对于一个年轻的姑娘并不适宜，所以放假之后便不让她再返回上海。身为女性的赛珍珠，在她的作品里流露出很强的母爱伟大和男女平等观念，这主要是受她家中两位女性的影响。在家里，母亲和阿妈发挥各自的聪明才智，以各种方式促进和满足她的日渐强烈的求知欲。阿妈是个文盲，既不会写也不会读，她常常背着母亲替这个她心爱的小丫头分担日常家务劳动，给她讲佛家和道家的种种奇闻趣事。这些传说和故事中的精灵与神仙、凡人和鸟兽全都在一个没有什么阻隔的世界里相互交往。母亲也有一副天生的好口才，有时候在赛珍珠的梦想和渴望的诱使下，也会给她讲好多好多故事，同她亲亲热热地聊天。母亲的感情和思想总是离不开古老的家乡和祖先，她的先人出于信仰的原因从荷兰移居到了美国，但她到中国来简直就等于被于流放。赛珍珠在叙述母亲的生平时曾把她称为一个"被流放的人"，父亲的经历则恰恰相反，《带剑的天使》就是她给父亲写的传记。

赛珍珠

这两本关于父母的传记在 1938 年进行诺贝尔文学奖的评选时，评委塞尔玛·拉格勒夫投下的赞成票起了决定性的作用。这两位女性的共同之处不仅在于她们都获得了崇高的奖赏，还有另外一些东西使她们心灵相通：即她们都对历史题材感兴趣，都喜欢用文学的形式对一些民间传说进行加工；她们不是通过事实和"客观的"报道从外部接近历史，而是通过某个个人的眼光，通过一代人或者一个包括几代人的家庭，从内部去展现历史，这些人、这些家庭的命运与世界历史融成了一体。

作为家中唯一的一个孩子，赛珍珠的母亲对支持她求学以及继续进

诺贝尔光环

入康奈尔进修起了一定的作用。她的母亲自身有许多创作的才能，但被压抑着得不到发挥，所以非常希望在女儿身上获得补偿，凡是自己被剥夺的愿望，都要坚决地、成功地通过她来实现。赛珍珠很早的时候，就在母亲的督促下开始创作，每周必须复述或者编撰一篇故事。开始时是口头的，后来也采用书面的形式。她的小作品定期寄给《上海信使报》（一份在上海出版的英文日报），而且几乎每一篇都被采用。她回忆道："《信使报》每个月都要给最优秀的作品和儿童故事颁奖，当时我大约十岁左右，奖金便成了我的一个固定收入来源。我那心肠很好但却相当固执的母亲以此为借口，逼我每周交一篇作文或写一篇故事，她为我盘算将来的出路，而且打心底里相信我会成为一个作家。赛珍珠6岁时，曾给美国《基督观察家报》写过一封信，这封信于1899年4月5日以《我们真正的家在天堂里》为题刊出。这篇首次发表的作品也是母亲布置完成的。

赛珍珠每每提到往事有时会表现出忧郁来，她在康奈尔大学学习期间与同学及其同龄人相处时，有时也会勾起她的痛苦回忆。因为，她的几个弟弟和妹妹很小的时候都相继死去，从6岁起，再也没有人叫她"康福得"了，她成了家里唯一的孩子，孤独地和父母生活在一起。或者说，生活在并非因相互爱慕，而因共同的宗教信仰结合在一起的父母之间。

随着年龄的增长，她常常觉得自己与世隔绝，感到难言的寂寞，只能通过记日记、编故事和偷偷地写诗来抒发和排解自己的烦恼。"这是一段困难的时间。和我要好的那些中国女孩，还有邻居家的姑娘，都已经准备出嫁，她们的脚被缠了起来，既不能跑又不能玩，只能坐在家里学着做针线活。我父亲又在一座高山上建了一幢房子，一到炎热的夏季

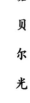

我们就去那里避暑，在那里我认识了几个美国女孩儿，但交往不多，另外我也觉得和她们合不来。"

《圣经》

长大起来的赛珍珠开始用批判的眼光看待父母的传教使命。但另一方面，她从小到大始终对博学的父亲那些丰富的历史和宗教知识深感钦佩，他精通多国语言，除了传教之外还从事第二职业——将希腊文的《圣经》直接翻译成中文。

直到多年之后，赛珍珠才懂得敬重甚至爱戴这样一位父亲，并在他严厉的外表背后发现了勇敢、不谋私利和富有人情的一面。在她荣获诺贝尔奖的庆祝会上，她情不自禁地想起了父亲并于后来写道："我站在可敬而又年迈的国王面前的那一刻清晰地印在我的脑海中……在那一瞬间，我看到的不是国王的那张脸，而是我那苍老的、早已去世的父亲……那高大、瘦削的身材，那清癯鲜明的下巴，那双湖蓝色的眼睛，还有那与嘴唇的形状非常相称的白色髭须，甚至那双拿着奖状的手——所有这一切都像我的父亲。"

父亲那钢铁般的意志、不屈不挠

赛珍珠（右）

诺
贝
尔
光
环

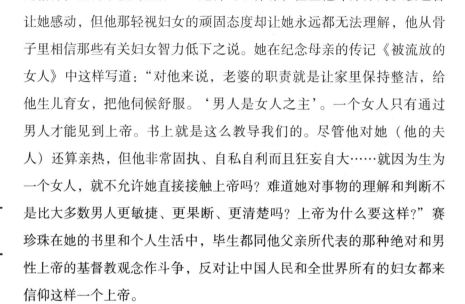

的精神，显得呆板的正派……她都可以体谅，甚至他那深深的孤寂也曾让她感动，但他那轻视妇女的顽固态度却让她永远都无法理解，他从骨子里相信那些有关妇女智力低下之说。她在纪念母亲的传记《被流放的女人》中这样写道："对他来说，老婆的职责就是让家里保持整洁，给他生儿育女，把他伺候舒服。'男人是女人之主'。一个女人只有通过男人才能见到上帝。书上就是这么教导我们的。尽管他对她（他的夫人）还算亲热，但他非常固执、自私自利而且狂妄自大……就因为生为一个女人，就不允许她直接接触上帝吗？难道她对事物的理解和判断不是比大多数男人更敏捷、更果断、更清楚吗？上帝为什么要这样？"赛珍珠在她的书里和个人生活中，毕生都同他父亲所代表的那种绝对和男性上帝的基督教观念作斗争，反对让中国人民和全世界所有的妇女都来信仰这样一个上帝。

诺贝尔光环

不过，她并不是一个女权主义者。她不认为两性之间的权利差别是一个渗透生活各个领域的根本性的社会不平等问题。她把妇女所受的压迫看成是许多不幸的、实际上已经过去的个别情况的积累，希望通过耐心的宣传教育工作加以补救，由此建立起相互之间的信任。对于男性应占统治地位的不合理要求，她以天生的、真正的女性品质进行对抗，把宽容、牺牲精神、韧性、痴情以及默默的勇气之类为女性设定优点，看成是女人固有的天性，并通过文学作品大加赞扬和歌颂。但这样一来，她又给她想要解放的妇女们重新套上了枷锁，强迫她们穿上了由生物学所决定的、因而无法改变的性别角色的紧身衣。结果，游离于刚强、理性化、意志坚定的男性与软弱、感情化、适应能力强的女性之间的传统二元论不仅没有克服，反而更加牢固。具有伟大的宽容精神的母亲形象始终是回荡的主题。

从康奈尔大学获得荣誉后，她也变得更加成熟起来。她于 20 世纪 30 年代和 40 年代在美国创作的一些小说，题材与以前相比发生了一些细微的变化。在这些作品中，她描绘了妇女生活中的一些基本矛盾。她在带有明显自传性质的小说《骄傲的心》中，深入地描写了这种矛盾。女主人公陷入了无法解脱的烦恼，因为她的艺术抱负与其作为一个妻子、一个母亲的角色无法相容。小说没有出现美满的结局，正如她自己在实际生活中一样。

荷兰美景

诺贝尔光环

在进入康奈尔大学这所她向往已久的学校之前，1909 年，17 岁的她像哥哥那样回到美国，进入弗吉尼亚州的伦道夫·梅肯女子学院学习文学。在此之前，她和全家一起到欧洲旅游了半年多的时间，到了俄国、德国和瑞士，并专程去看了看外曾祖父的故乡荷兰。

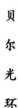

她对回美国读大学非常高兴，很喜欢学院的生活，但是觉得很孤单。她与同龄的姑娘们几乎没有什么密切的接触，也没有兴趣和男孩交往。"虽然日常的事情占用了我太多的时间，另外，我想首先了解一下我们这个国家我这个年龄的姑娘。"赛珍珠获得了同学们的尊重和敬佩，并被推选为年级的发言人，但她却没有赢得一个知心的密友。她对事业认真，而且很内向。她们班的姑娘们从来没有问过她任何有关中国的问题，这让她感到非常惊讶。她始终无法理解美国人为什么对别的国家、别的民族那样缺乏兴趣。由于没有可以倾吐心声的好朋友，只好再一次用写作来代替，并定期在学院的月刊上发表作品。最后一学年她获得了两项文学奖：她们年级的最佳短篇小说奖和全院的最佳诗歌奖。1914年毕业考试结束后，学院请她留校当助教。她接受了这一聘任，因为她希望通过这项工作熟悉自己的美国家乡。

1914年11月第一次世界大战的爆发以及对受不治之症折磨的母亲的担忧，使她又回到了中国，回到了她真正的故乡——古老的小城镇江。病弱的母亲全靠她一手照顾，同时，她还在一所中国中学里教高年级英文，并接过了母亲所担任的与中国妇女对话小组组长的责任。这项工作对她来说非常重要。通过谈话，她了解了中国妇女所遭遇的许许多多的问题：有很多年长色衰的女人为她们的丈夫往家里娶年轻的小老婆，即所谓的二房、三房或者四房而痛苦；也有很多因生了女孩而受到婆婆和丈夫的责难，因为在一个重男轻女的社会里，只有生了儿子的母亲才能抬得起头来；还有，婴儿的死亡率非常高，这令她和中国姐妹们同样感到痛惜……

除此之外，她把能挤出来的每一分钟都用在了研究汉语和中国文学上，她贪婪地研读中国古代的伟大经典著作，并且有了重要收获，她把

中国问世五百多年的古典名著《水浒传》译成了英文并用《四海之内皆兄弟》的书名于 1933 年出版发行。

镇江金山风景区

　　这位在事业上辉煌的女性，在爱情上却并不美满。虽然在康奈尔大学时，人们还能见到他的丈夫对她事业上的关心和帮助，但是，那表面下的不和谐也是令一个女人痛苦的事情。赛珍珠看到了母亲和父亲在一起的爱情，对自己的真爱也热烈地渴望着，然而生活却总是时常与人唱反调。她为工作一天到晚几乎忙个不停，但仍旧无法排解内心深处的孤寂感。由于在美国待了那么长时间，她现在觉得也失去了中国的根。对于独立的作家生涯她还未树立起坚定的信心，也不能想象如何能一个人过一辈子，也许这就是她在 25 岁那年结婚的原因。她的父母认为她们两个无论是性情、脾气还是兴趣爱好都没有公共之处，但她没有听从他

诺贝尔光环

们的劝告。丈夫约翰·洛辛·巴克是一个在中国工作的农学家，赛珍珠和他结婚时既不是出于冲动也不是因为爱情。她回首往事，平静地说："我嫁的是一张漂亮的脸……整18年，无论是精神上还是物质上，我付出了我能给予的一切，但在这18年里，我没有得到任何回报。我在说这些事情时，感不到一点儿辛酸。"在结婚的时候，她就已认识到，她的婚姻并不比中国姐妹们那种由父母一手包办、直到结婚那天才第一次见到丈夫的婚姻强多少，这对性格迥异的夫妻在宿县生活了4年。巴克在宿县当农业顾问，她则在一所女子中学里当校长。在这里，她努力去熟悉当地农民的生活和劳作。她对耕种、轮作、收割、储粮和利用等方面的了解甚至超过了丈夫，但她的知识与丈夫那种专业知识不一样。她重视那些古老的、经过数百年积累起来的经验和习惯，信赖中国农民的聪明和智慧。她于1932年获得普利策奖的小说《大地》中的大量素材都是她在此期间收集起来的。

普利策奖

由《大地》《儿子们》和《分家》组成的小说三部曲《大地上的房子》，也包括小说《母亲》，浸透着她对这些中国农民家庭，特别是

那些坚强勇敢、聪明智慧的妇女们的尊重和热爱。

1921 年，因巴克在一所大学里获得了教职，赛珍珠跟随丈夫搬到了南京，并在此生下了她的第一个孩子——女儿卡罗尔。女儿出生半年之后，赛珍珠的母亲病逝。她把父亲接到了自己家里，并帮父亲在南京一所多年之前由他亲手创办的培训传教士的学校里安排了一个教授职位，她本人则在一所大学里当了一名教授英美文学的讲师，父亲去世之前一直住在她的家里。这段时间，她终于真正认识了父亲，并把他看成一个普通的人，一个博学的人……她们之间建立起了以相互尊重的亲情为基础的新关系。

不久，她的家庭生活就蒙上了一层深重的阴影，当女儿长到 4 岁的时候被发现患一种先天性代谢疾病——苯酮尿，这种病当时还没有办法进行医治，使得她终生伴有精神障碍。直到多年之后，也就是 1950 年，这位女作家才写到了这场厄运：女儿只会看着她傻笑。这种什么也不懂的傻笑一次又一次撕碎了她的心。

1925 年至 1926 年她在美国给卡罗尔求医的同时，还在伊萨卡的康奈尔大学注册成了一名文学研究专业的大学生。通过一篇关于 19 世纪英文随笔作家的论文，她于 1926 年获得了硕士学位。还在一次必须以笔名参加的最佳史论比赛中，以一篇题为《中国和西方》的文章夺得了一等奖，而且还有 200 美元的奖金。这解了她给卡罗尔看病的燃眉之急。

在康奈尔得到了她学习生涯上的满足和创作上的小成绩后，在 1926 年，她们全家返回了中国。但是，1927 年 3 月 27 日，因南京的局势陷入了混乱，赛珍珠带着两个孩子、丈夫和父亲一家仓皇出逃。在几个忠实可靠、大胆沉着的中国朋友的掩护下他们逃离了被北伐军占领的南京，最后到了日本。

康奈尔大学风景

　　经过长时间的犹豫，1929 年 8 岁赛珍珠把的卡罗尔送进了她费了很久时间才选中的新泽西州的瓦因兰康复学校。她每隔一段时间都要去探望女儿一次。在此期间，还和一些文学出版机构进行接触。1930 年，约翰·戴出版社出版了她的第一部小说《东风·西风》。这部小说是她根据出版商理查德·沃尔什的建议将两个短篇糅和在一起写的，第一年就印刷了三次。可以说，这是她在文学上获得成功的开始。1932 年，她最著名的小说《大地》一经出版，便受到了读者的异乎寻常的欢迎，在出版的第一年仅在美国就销售了 1811500 册，连续 22 个月居于畅销书排行榜的榜首，很快就被翻译成了三十多种文字。这本书给她带来了世界性的声誉。

　　1935 年，她和巴克在雷诺离婚，并于同一天在那里与她的出版人理查德·沃尔什办理了结婚手续。沃尔什三年前就开始向赛珍珠求婚，为了表示自己对爱情的忠诚，他甚至越过太平洋追随着她。

　　她和沃尔什结婚后搬家到位于宾夕法尼亚州乡村的一个很大的农场，并进入了丈夫的出版社担任编辑。几年的时间，他们收养的孩子就达到了 8 个。她很快发现，在第二次婚姻中，她所扮演的仍然是一个肩负重担的奉献者，从一开始，她就承担起了这个不断扩大的家庭的大部分费用。特别是后来出版社解体，沃尔什由于数度中风而丧失工作能力之后，支撑这个大家庭开支的全部重担便压在了她一个人的肩上。

宾夕法尼亚州风景

　　三年后，她获得 1938 年度诺贝尔文学奖。但也有一个问题叫她很伤脑筋，那就是怎样让被成就宠坏了的丈夫接受受到万众瞩目的不是他，而是他的妻子这一事实，因为他本人恐怕永远达不到这样的高峰。

诺
贝
尔
光
环

她对她的传记作者西奥多·哈里斯讲道："我相信，授予我诺贝尔奖对于我的丈夫来说绝不是一般的考验……在他的领域内，在出版界，他是一个呼风唤雨的人物。现在他不得不扮演一个次要的角色，真的需要有非同一般的宽宏大度。作为获奖者，我必须独自履行某些责任……我站在领奖台上，而他却坐在观众中间。"

她在斯德哥尔摩致受奖辞时说："对于我的国家，把这个奖授予一位妇女具有特殊的意义。各位已经认可了你们的塞尔玛·拉格勒夫，也认可了其他领域中的许多女性。但也许你们不太理解，此刻站在这里的恰恰又是一位妇女，这在许多国家意味着什么。"

赛珍珠 20 世纪 30 年代的作品，被看成是对于世界范围内日趋尖锐的政治和经济问题的一种可能的、甚至是令人感到欣慰的答案。在这些小说中，依然表现出那种 19 世纪的由内心引导的自信，那种追求而不是怀疑生命价值的精神。授予她诺贝尔奖正是基于这种原因下决定的。

女评论家多迪·韦斯顿·汤普逊写道："对于一个受到社会革命冲击的东方和一个道德与经济原则日渐崩塌的西方，这种对自远古时代以来一直沿着相同的轨道动转的中国农民生活的简洁描述透露着尊严和力量，它代表着一类到处可以得到理解的读物。因为它们突出了土地和岁月的永恒的真实，显示了田野和人类孕育的果实，展现了人的生命的全部——他的诞生，

赛珍珠（左一）与父母、奶妈及妹妹

他的爱情，他的欢乐和悲伤，以及他的死亡。"

在康奈尔和美国期间她的创作题材主要来源于中国社会。后来，她的文学创作逐渐转向美国题材，而且对种族和两性关系问题表现出了特殊的兴趣。虽然她在题材的选择上敢于探索和富有勇气，但这些小说在形式上却无法摆脱原有的、已经显得陈旧的传统。

在20世纪40和50年代，她用约翰·赛奇思为笔名发表了三部小说，这一时期最知名的著作是一部关于堪萨斯的历史小说，有人把书名翻译为《道路仍在向西延伸》。这部作品虽然同样受到了普遍的重视，但再也不像她的中国小说那样有着广泛的读者群。

从20世纪50年代初开始，特别是她的第二位丈夫于1960年去世以后，这位女作家逐渐加强了她在其他领域里的活动，如雕塑、自己作

赛珍珠故居

品的电影编导以及宾夕法尼亚州农场的建设等等。通过版税和拍摄电影的收入，赛珍珠在经济上获得了可靠的保障，终于卸掉了日常生活的负担，并把很多钱用在了慈善事业上。建立了"赛珍珠基金会"以便在她死后能够继续支持救助残疾儿童的活动。

在暮年，她对自己的一生作了这样的总结："我的整个一生体现着一种统一。我所从事的一切，包括写作

诺贝尔光环

本身，完全是因为受到人类和他们的思想与感情之谜、他们的敏感、他们的欲求以及他们在宇宙中的根本性孤寂的吸引。我们必须学会忍受彻底的孤立，因为尽管我们非常想把希望寄托于上帝，但我们却听不到他的声音，也看不到他的面容。信仰是一种合理的感情，但除了希望以外，无法用任何东西加以证明。"

　　她把爱心奉献给世界，给孩子筑了一个温爱的家，给世人筑了一所精神的家，把自己寻找的家安在了人们心里。

诺
贝
尔
光
环

顽强不屈铸就辉煌

霍夫曼 1937 年 7 月 18 日生于波兰的兹洛乔夫，是丹麦本土化的科学家。在美国的康奈尔大学可以看到霍夫曼的实验室，霍夫曼是 1974 年起任康奈尔大学教授的。他的主要著作有《协同环加成反应中轨道对称和内－外关系》《σ－迁移反应中的轨道对称和定向效应》《协同环加成反应的选择定则》《电环化反应的立体化学》《轨道对称性守恒》《过渡金属中心分子配位的理论状况》。

从 1965 年起，霍夫曼应聘为康奈尔大学的副教授，并且一直在那里任教至今。1974 年康奈尔大学授予他自然科学的 John. A. Newman 教授荣誉称号。在康奈尔大学化学系工作的头几年，他的研究主题仍放在有机化学的理论方面之探讨，特

康奈尔大学一景

别是一些有机中间产物的电子结构。在这几年间，他和伍得瓦教授合作而发现的 Woodward－Hoffmann 定律渐趋成熟，并大力推广他们的理论，运用在各式各样的有机化学反应上。

到了 20 世纪 70 年代初期，霍夫曼教授的兴趣逐渐转向更复杂的有机金属分子的化学反应及立体结构之研究。在这无机领域方面，他发表了相当多的论文，其中有不少相关学术文章已被公认为经典之作。基本上他的研究方法是先将分子拆解成数块分子碎片，再将这些分子碎片重新组合一起，分析其拆解前后的电子结构及其交互作用情形，从而找出影响整个分子系统反应或立体结构的关键性因素。例如把无机错合物 MLn（M 为中间金属原子，L 为配位基），拆解成含金属的碎片（MLn－1）和通常是有机分子的碎片 L，再研究分析此二分子碎片在结合成错合物分子时彼此间的轨域交互作用情形。并且他根据大量的计算分析结果和前线轨域理论，从而归纳出无机分子和有机分子间结构相似的定性规律，这就是化学界著名的"同花瓣相似"规则，使得有机化学和无机化学这两种不同领域间，搭起一座沟通的桥梁。

霍夫曼教授的这一项理论模型加强了对设计和合成新化合物的可能性，被认为是了解化学分子结构发展过程中另一个重要里程碑。也因这一卓越贡献，使他再度获得 1982 年美国化学学会的无机化学奖。从 20 世纪 80 年代起，霍夫曼教授把重心转向物理学家长久以来利用"紧束缚理论"处理的固态和材料问题，这是一个更具挑战性的热门题材。也由此可看出，从研究有机化学到无机化学，最后来到固态化学，霍夫曼教授的研究主题并非一成不变，而是时时在创新；也正因如此，在他已发表 400 多篇科学论文中，很少写回顾性文章。在运用大型电脑处理化学计算尚不能解决众多问题的今天，他研究的题材却总是走在理论化学的最前端。

诺贝尔光环

有机化学实验室

霍夫曼教授的理论研究很具有"化学性"，他的研究兴趣是以定性的分子轨域理论来解释化学反应现象及分子的构造问题。他对抽象而数学性的理论兴趣不大，他常自称是做"应用"量子化学的，研究对象都是解答实验化学家所提出的实际问题。霍夫曼教授的理论研究不强调用电脑做大型的计算。他甚至一再要求他的研究生多思考化学，少做化学电脑计算，他认为"电脑只是辅助的工具，从来不是思考的替代品"。因此即使到现在，霍夫曼教授仍然使用他三十年前所发展的方法，利用这套程式来做很简单的分子计算。他对计算结果的处理也几乎和所有其他同时代的人大不相同，在他的科学论文中常附有许多极为有用的图解说明，把复杂的数学式改用卡通漫画式的图形来加以阐述，从而使问题背

诺贝尔光环

后的分子轨域观念的实质意义加以揭示出来。

在他接到诺贝尔化学奖通知前一个礼拜的一次学术演讲会上，1966年的诺贝尔化学奖得主摩立根教授就公开赞扬他是化学界的毕卡索——经由图解来解释化学现象。在访谈中，霍夫曼教授也曾被问到，正当绝大多数的理论化学家在大量使用电脑，做相当大型的定量计算时，为什么一个三十多年前的老方法到现在仍被使用？他的回答是他承认他所用的老方法是非常粗糙，计算结果非常不可靠，因此在使用时，必须先认清什么结果是可以被相信的。"我并不在乎计算的结果是否和实验观测值相吻合，我只是想用一种简单的小计算，其结果能用来解释分子反应的趋势，并进而建立模型来了解它们的化学行为就够了。"他的理论特点是简洁而经济，他的文章读起来是清晰而生动，因此只要是读了霍夫曼教授的文章，就会发现事情原来竟然是"那么简单"、"那么明显"！利用分子碎片法来简化复杂的化学问题，并还其本来面目，进而使我们易于理解及解决问题。

因此我们若把一群理论化学家看作是一群画家，那么霍夫曼教授（和福井谦一教授）从事的是速写画或泼墨画。这类画能经济地掌握事物形象的精神，但是这种描述行为是一种近似而不拘小节的。而其他理论化学家中，有一大部分是工笔画家，强调一丝一毫皆要

诺贝尔化学奖奖章

一丝不苟，他们借着电脑的协助，精密地描绘化学分子的构造及活性；

对于一些小分子，所计算出的理论值和实验观测值常常可以彼此互相校对。或者把理论化学家想作是一群音乐家，则大部分用电脑做大型精确计算的理论化学家就如同交响乐家一般精致细腻，有条不紊；而霍夫曼教授显然是属于通俗音乐者或民歌手，有机会接触广大民众。

霍夫曼教授常自谦他的工作是一种"短程"的贡献，只是理论和实验交互推进发展过程中的一小步，从事的是"应用"量子化学，解决实验化学家所提出的实际问题。他说最让他感到快慰的事，是得知他的论文能影响千里之外一些不相识的化学家，去设计一些新的实验来考验他论文中的理论预测。

量子化学

霍夫曼教授在化学界的影响力，可由学术论文被引用的次数明显看出：自 1966 年到 1976 年十年之内，霍夫曼教授的论文总引用次数高达八千次，是当时化学界论文被人引用次数最多的前十名之一。并且他还被选为从 1981 年至 1990 年，全世界化学论文数引用次数前 100 名中的第 25 名。

在他获得诺贝尔奖前（1962—1981 年），已经发表学术论文共 177 篇，获奖后至今（1982—1996 年），他发表的学术论文也已超过 220 篇，丝毫不因为获奖而减低他研究化学的兴趣与热忱。并且根据统计，在这最近的 220 篇论文中，有 30 篇平均每年被全世界化学家至少引用 10 次以上（其中一篇是他的诺贝尔奖演讲稿，平均每年被引用达 53 次之多）。他的研究工作可说是对 20 世纪后半期的化学界有着深远的影响，而他的名字也将永载化学史册。

普通化学实验室

霍夫曼教授对于理论化学有他自己独到的一套看法：理论化学的目的在于使化学知识系统化，帮助我们认知、理解、归纳实验结果，并进而设计新的实验来证实。如果我们把化学的发展看做是个有机体——会生长、运动等等，那么理论化学可视为神经末梢，它能探索周围讯息，也能通往储存情报的中枢脑神经。如果缺少理论来联系错综复杂的化学现象，化学家将无从讨论化学实验的结果，也无从设计未来的新实验。

理论工作的一些长处在于能够计算一些不稳定、不存在的分子，并进一步分析它们不稳定的原因。做化学实验时，化学反应不可避免会受

诺
贝
尔
光
环

到诸如温度、压力、溶液、分子取代基……等众多因素的影响。一般化学实验很难分离这些因素，但理论研究能自由地单独分离各种变因，像分子束实验一样，能够简化影响反应的条件，这就有助于我们"观察"基本的化学反应。

当我们回顾化学历史，我们只会想到少数化学家的贡献，而其中绝大多数是实验化学家。如果我们进一步去分析他们的实验，就会发现，事实上从前许许多多的实验，彼此间有着相当大的关联性。但是这些杰出化学家们的成就来自他们的洞察力和远见，能够在错综复杂、似乎不相干的许多实验结果中，看出一条有系统的规律关系。

"了解"在不同的行业里有着不同的意义。在数学里，一个例外可以推翻一个理论，而在化学里并非如此。精确的理论计算，并能完全符合实验观测值固然是件了不起的事。但推衍出一系列相关分子的性质、趋势的定性理论，似乎更其有化学趣味，这一类的定性理论对于组织化学知识是很需要的。能够从一系列分子的性质去预测一些尚未合成分子的性质，那是多么的有趣啊！"了解"和"预测"是一体两面的，都是同一个东西。我们因为"了解"才能去"预测"，而我们的"预测"最后证明和事实相符合，这代表着我们对事物有着某种程度上的"了解"。用电脑精确地计算分子，原则上是可以算得和实验值一样准或甚至更准，但其所产生的预测能力并不代表我们"了解"化学分子。因为化学现象是由各种不同物理因素所相互影响混合成的，这些变因在不同情况下有的相互加乘，或者相互抵消，其最后的结果就是我们实验观测到的结果。换句话说，我们若能够真正"了解"影响这些化学反应背后的物理因素时，我们就可以去"预测"设计、合成出我们想要的东西。

理论必须要尽可能地可以随身携带。也就是，理论应该尽可能的简

便明白，容易为化学家所掌握、应用，并转化为他们自己手中有用的工具。如化学家常用的"阴电性"概念及有机化学里的（4n＋2）定律，就是最好的例子。如果人们相信自然界是个统一的整体，那么，把化学区分为有机、无机、分析、生化等分支学科就完全是人为的了。我们在研究过程中，不要眼光狭小而要拓宽视野去建立不同化学领域之间的关系。因此他认为诸如蛋白质及固态物质都是属于分子的范畴，只是大分子、小分子之别罢了。也正因为这种"自然界统一性"的哲学思想，他开创了前面所提到的"同花瓣相似"理论，使得有机化学和无机化学这两大领域的沟通有了重大的突破。

霍夫曼教授还把他对无机化合物的研究，运用在探讨固态和表面化学问题上。他把固态物理学家的观念（如能带结构和状态密度），通过化学家所熟悉的分子轨域理论进行处理，表现了这位化学家在键结问题上统观自然界的论点，此种哲理思想和爱因斯坦对于自然界的看法很相似。爱因斯坦在科学上最大的贡献除了提出"相对论"外，另一个就是"统一场论"，认为自然界的四种基本作用力（重力、电磁力、弱作用力、强作用力），都可以由一个数学式来描述，可惜的是爱因斯坦生前未能完成这一心愿。

在被问及到，如果有一天是身为化学研究方面的国家决策者，有着一大笔的经费、预算可供支用，那么他会怎么做？霍夫曼教授回答，他将全力支持四种研究方向：（1）多方面地寻找可以"控制"合成的新途径（以便能制造出热力学上不稳定，但在动力学上稳定的分子）；（2）加强研究新合成方法，解决环境污染问题；（3）利用碳和金属合成新的固态物质；（4）有关水的表面化学（如金属遇水锈蚀的问题）。霍夫曼教授不仅是一位杰出的科学家，也是一位优秀的教师，他本人也

诺
贝
尔
光
环

为此深感骄傲。在康奈尔大学，他已教过数以万计的学生。1966 年以来，他几乎每年都教大一学生的"普通化学"，还给非化学本科系的学生上化学课，给研究生上化学键理论和量子化学，并试验性地开过"应用理论化学"课程。

由于他对专业的精通以及对问题生动而精辟的阐述，常常使学生钦佩不已。他也对公众有益的社会活动十分热心，如在 1986 至 1988 年间，他为电视科学影片"化学世界"担任主持人，共拍摄了 26 集。在全美播出后，对普及化学知识有很大的作用，可以看出他在努力地把科学、教育、文学、哲学融为一体。

爱因斯坦

霍夫曼教授将化学学习寓教于乐，为化学界带来一股暖流，注入新的气象，提升了更多人对化学的兴趣与爱好，使更多莘莘学子能"了解"化学，而不是"误解"化学。中国的化学界实在太需要更多的支持与鼓励，希望有一天也能培养出杰出的本土化学家。

诺贝尔光环

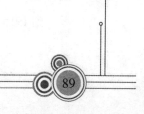

敬业的伟大女性巴巴拉

在麦克林托克1919年到康奈尔大学以前的年月里，已经有足够多的证据令人信服地证实了基因和染色体结构之间的关系，这些证据大部

果蝇实验

分来自哥伦比亚大学摩尔根的"果蝇室"。从1910年到1916年，摩尔根、斯特蒂文特、马勒和布里奇斯对果蝇的染色体和基因进行了研究，获得了证实基因和染色体之间存在着关系所必需的大量证据，在这个实验室里诞生了细胞学科学。通过对有特别明显特征的生物（例如果蝇，它的主要差异是眼睛的颜色和翅膀的形状）进行杂交或交配，研究人员试图将生物的连续世代特征与特殊的（X或Y）染色体的特征互相联系起来。有了这些成果，遗传学家就能根据孟德尔遗传学大胆地假设出一个物质的基础。

到1915年，已有了十分充分的证据，从而使得摩尔根、斯特蒂文

特、马勒和布里奇斯能够出版他们的划时代的著作《孟德尔遗传机制》，第一次试用染色体理论的术语来解释遗传学的全部原理，以后的年代就是热烈的论争和摩尔根废寝忘食地进行工作的年代。那时，甚至像伊文·威廉·贝特森这样的早期孟德尔理论的辩护人，也曾反对为遗传学假设一个如此"唯物主义的"基础，而摩尔根自己早年也曾这样反对过。但是，随着证据的不断积累，要向染色体理论提出挑战就越来越困难了。大部分不在大学里工作的生物学家，特别是农业学校的生物学家，对于新的生物学的热忱，一直比不上他们在大学里的同行们。对他们中的许多人来说哥伦比亚大学所研究的仍然是可疑的"抽象物"。虽然早在 1911 年摩尔根就竭力主张"细胞学要为实验证据提供所需要的原理"，而在农业研究方面，细胞学工作仍不是一个优先考虑的课题。

1927 年，巴巴拉·麦克林托克获得康奈尔大学农学院植物学博士学位，当时，哥伦比亚大学摩尔根果蝇室使细胞学和遗传学联姻所引起的轩然大波还没有波及到康奈尔大学。也许其最重要的差别在于，康奈尔的遗传学家研究的是玉米而不是果蝇。在康奈尔大学的埃默森的影响下，玉米植物已成为研究遗传学的最有力的工具。玉米棒子上籽粒的颜色鲜艳易辨，几乎图解式地表明了遗传的特征。果蝇每十天就向遗传学家提供一批新的一代，而玉米则成熟得较慢；实验人员有充分的时间可对每株植物进行细致的了解，并追踪其一个世代的发育情况。但是，尽管人们对遗传学已开展了广泛的研究，却几乎还没有分析过玉米的染色体。麦克林托克还在读研究生时，就已向她的康奈尔大学的同事们证实，玉米遗传学像果蝇遗传学一样，不仅可以通过培育这种生物观察其后代生长的情况，而且还可以通过显微镜检查染色体来进行研究。这样就跨进了遗传学奥秘的新窗口，这件事对整个遗传学未来的发展是具有

诺贝尔光环

决定性意义的。

哥伦比亚大学

　　麦克林托克用一种刚由细胞学家约翰·贝林发明的重要的新染色技术成功地鉴定和描绘了玉米染色单体的长度、形状和模式。这项工作一经完成，她就可以把育种实验的结果（遗传交叉）同染色体的研究结合起来。在以后的年代里，麦克林托克发表了一系列论文，把玉米提高到可以和果蝇竞争的地位。同时也为她自己确立了美国第一流的细胞遗传学家的地位。1931 年，她和学生哈里特·克赖顿在《国家科学研究院记录汇编》上发表了一篇论文，证实在性细胞形成时所发生的遗传信息交换，是和染色体物质交换一起进行的。这叫做"玉米细胞学和遗传交换的相关性"。这一研究成果，被称为"真正伟大的现代生物学实验之一"，它使得研究人员终于无可辩驳地获得了遗传学的染色体基础。

整个 20 世纪 30 年代，麦克林托克在康奈尔大学、加州理工学院，接着又在密苏里大学不断地做实验，不断地发表文章，这加强了细胞学和遗传学之间的关系，但同时也使之复杂化了。1939 年，她被选为美国遗传学会的副主席，1944 年成为国家科学研究院的院士，1945 年担任遗传学会的主席。

加州理工学院图书馆

在被选人国家研究院的那一年，她开始了一系列的实验，使她得出了"转座"的结论，现在许多人都认为这是她事业中最重要的一项成果。然而在当时，只有她自己那么想，而对大多数人来说，她的结论似乎太激进了。如果说 1949 年在麦克林托克的事业里是关键性的一年的

诺 贝 尔 光 环

话，那么对遗传学历史来说同样也是决定性的年份，不过原因却与麦克林托克无关。就在这一年里，微生物学家奥斯瓦德·艾弗里和他的同事科林·麦克理奥德和麦克林·麦卡迭发表论文，证实 DNA 是遗传的物质基础。

麦克林托克的事业是在生物学思想发生重大革命的时刻开始的，现在她又目击了另一次同样重要的革命。关于分子生物学诞生的故事，现今已被讲述了多次，在这个故事里，既有紧张而又富戏剧性的事件，又有有声有色的人物；它时而是快速的行动，时而又是孤注一掷的战斗。到 20 世纪 50 年代中期，分子生物学的风暴席卷了生物世界。看来它已解决了生命的问题。它给生物学带来了一个需要探究的全新的世界和一个用科学语言进行阐述的全新的模式。而在这个需要探究的世界里，麦克林托克的工作，却越来越带有个人的风格，越来越不引人注目。

在大西洋彼岸，巴巴拉·麦克林托克从 1950 年起就曾试图使生物学家们注意她所证明的玉米"控制因子"。1960 年末，当莫诺德和雅各布的论文在《汇报》上发表时，她是这篇论文的最热心的读者之一。她满怀激动地给她的法国同行以完全支持，并迅速在冷泉港召开了一次会议，把他们的工作与她自己的工作进行了比较。此后不久，她在一篇论文里详细阐明了这一比较。她先把论文送给莫诺德和雅各布，之后送交《美国自然科学

巴巴拉·麦克林托克

家》。霍勒斯·贾德森在《第八个创造日》中报道了分子生物学的革命，"他们因她迅速支持而高兴。"

麦克林托克的研究工作，不仅被传导到了不同的大陆，传导到了更为广泛而复杂的生物，而且可以说，传导到了不同于莫诺德和雅各布的生物学世界。作为分子生物学家，莫诺德和雅各布集中力量研究大肠杆菌。而麦克林托克作为一个经典遗传学家，则研究玉米。莫诺德和雅各布用生物化学分析作为工具，测定重要的遗传交叉的作用。而麦克林托克使用了生物学家更熟悉的技术——她观察玉米叶子和籽粒的彩斑和模式，以及它们在显微镜下所显示出来的染色体的表型。他们寻找的是分子的结构，她则寻求概念的结构，把有关的结构以及结构与功能之间的相互关系结合起来，就能证实这一概念的结构，并使之成为现实。他们

巴巴拉·麦克林托克

诺贝尔光环

所使用的工具、技术和术语，符合他们所研究的生物体、环境和时间。从 1944 年开始，麦克林托克的工作应归入经典生物学的范畴。它首先是前分子的。在开始，甚至在证明遗传物质是 DNA 的时候，麦克林托克还是领先的。与此相对照，莫诺德和雅各布的工作则完全渗透了分子生物学时代的精神，中心法则时代的精神。但是，他们同麦克林托克一样，相信调节结构对遗传水平进行操纵，存在着两种调节基因。麦克林托克证明控制因子在结构基因的附近（基因直接控制特征），它看来同雅各布和莫诺德的"操纵"基因很相似；她的"激活"基因，则同他们的"调节"基因相似，而能独立定位。麦克林托克在论文里，把玉米和细菌作了比较；在这两个例子里，"'操纵'基因将只对它自己系统里特殊的'调节'因子有反应。"

但有一个基本特征两者是不同的。在麦克林托克系统里，控制因子并不在染色体稳定的位点上——它们活动着。事实上，这种改变位置的能力——转座（如麦克林托克所命名的那样）本身可能就是被调节基因即激活基因所控制的一种特征。这一特征使现象变得更为复杂，而在与她同时代人的心目中，就较难接受了。虽然大家都知道，病毒 DNA 能够插入寄主细胞的 DNA 内，接着自行脱离。但几乎没有人愿意相信，在某种环境下，正常的 DNA 细胞能够重排。这个概念是对中心法则的严重挑战，有许多理由可以将它推翻，尽管中心法则在 20 世纪 50 年代和 60 年代期间的地位就已极为牢固地树立了。如果一部分 DNA 能够像麦克林托克的工作所指出的那样，能够对另一部分 DNA 所发出的信号作出反应而重排的话，如果这些信号本身像雅各布和莫诺德的调节因子所清楚表明的那样的话，那么，从 DNA 流向蛋白质的单向信息的情况又怎么样呢？因为这一根据染色体组以外的因素而定的基因的顺序，在

某种意义上来说，将使得信息向回流，即从蛋白质流向 DNA。麦克林托克没有把这一想法弄清楚，但经过她的解释，玉米染色体组的组成显然变得非常复杂而超出了中心法则所允许的范围。

在 20 世纪 50 到 60 年代，对许多生物学家来说，转座听起来好像是一种杂乱无章的思想。此外，对玉米遗传学知之甚多的人士越来越不能领会那些能证实麦克林托克得出的激进结论所必需的非常错综复杂的论点。

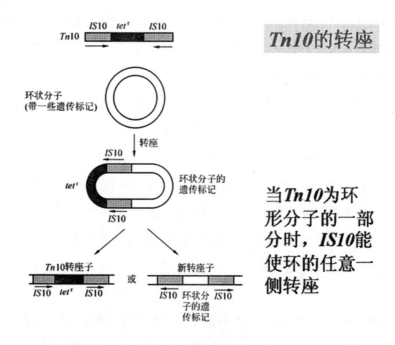

Tn10 复合转座的结构

麦克林托克的父母虽然没有直接支持她对科学的兴趣，或者说没有支持她的精神生活，但是在这个问题上，他们也许开创了一个甚至更为重要的先例——他们都极度尊重自主。除了母亲过甚其词地议论过关于妇女受高等教育的杞忧外，几乎不存在任何压力要她与社会的期望保持

诺贝尔光环

一致。

像她母亲年轻时一样，她也不理会父母的反对。1919 年她到康奈尔大学在农学院注册了。虽然此举对于家庭来说似乎是新奇的，但追溯这件事的来龙去脉就丝毫也不会感到意外。妇女从 19 世纪就开始从外围进入了美国文学和科学的王国。进入 20 世纪后，像她这种阶级和出身的妇女都十分活跃地争取受到了较高的教育。单在新英格兰就如雨后春笋般地办了五所女子学院，还有很多主要的大学改成男女合校。利用向妇女开门这一新机会的大部分是上层和中上层阶级的妇女。她们当中绝大多数人通常都是从英国来的或者是来自新英格兰地区的凯尔特族人，且许多人选读了理科。

半个多世纪以前，玛丽亚·米奇尔在发现一颗新的彗星后被选入了美国艺术科学研究院。后来其他的人（她们中间有莉迪亚·沙特克、安妮·江普·坎南、科妮莉亚·克拉普、埃伦·斯沃洛·理查兹和内迪·史蒂文斯）进一步开创了先例。在米奇尔的领导下，19 世纪 70 年代掀起了一个鼓励妇女进行科学研究并帮助她们从事科学工作的运动。到 1920 年，妇女们受到科学训练的比例空前提高。五十年以后，当她们的代表降到了还不足以前的半数时，妇女们回首往事，不胜惊奇羡慕之至。

除了女子学院之外，当时有两所大学特别乐意吸收学理科的妇女，那就是芝加哥大学和康奈尔大学。康奈尔大学创立的信条是，教育就是"任何人学任何学科"。1872 年，第一个妇女入学。1873 年，萨奇学院破土动工。捐助人亨利·萨奇在奠基石上刻上了这样的预言："只有当有文化的、受过教育的妇女胜任了更新更广阔领域的工作，人类才能达到高效率。"为了报答萨奇的捐助，康奈尔大学保证"对妇女教育提供

诺
贝
尔
光
环

并永远给予跟男子同样广泛的便利"。即使事实和幻想未能完全吻合，但在 20 世纪初康奈尔大学还是开始吸收了很多动机高尚的女青年。她们追求知识分子的生活，精力非凡，并屡获成功。1923 年，即巴巴拉·麦克林托克毕业那年，康奈尔大学的 203 个理科学士学位，就有 74 个授予了妇女。单是农学院，妇女就占了大约 25%。在文学院，男女比例约为 4:1，毕业时获得优等生荣誉的有 2/3 是妇女。在同一班上，一半以上的学生奖学金是给予妇女的，毕业生中研究人员的实际比例也大致如此。这些奖金的大部分是理科方面的，有物理学、数学和生物学等。

芝加哥大学

麦克林托克想不起她第一次是从什么地方听到康奈尔大学的，或她是怎样下决心去康奈尔上学的。但很早她就决定了：她要去学院，她要进康奈尔大学，（她的姐姐非常骄傲地回忆说，当麦克林托克要干什么事时，那就是一切了。）这一次她母亲不只是杞忧了，而是极力表示反对。而她父亲此时仍在海外的部队里，经济异常拮据，看来麦克林托克要妥协了。

1918 年，在她中学毕业前一学期，她到职业介绍所工作。在六个月的时间里（她才 16 岁），白天她忙于和人们谈话，把他们安排到适当的职位上去。下班后、下午和晚上，则在图书馆里度过，获得教育。"我有一张计划表，——我已经读了哪些课程——我将要以各种各样的方法自学，"巴巴拉说，"即使我必须得靠自己的话，我也要取得与学院同等的教育。"

巴巴拉·麦克林托克

时近夏末，她父亲从欧洲回来，在这场争论中，他的砝码显然加在了巴巴拉一边。"一大早上……在我上班之前，我母亲说她已跟爹爹谈过我的情况，决定让我上大学。她打电话给去康奈尔大学的一个朋友，问学校什么时候开学。那个姑娘说康奈尔大学下星期一开学，而姓氏的第一个字母是 M 的则在星期二上午八时注册（麦克林托克名字的第一个字母是 M——译注）。我上班去，母亲就到我中学去查看证书之类的东西，但她两手空空地回来了。星期一我仍坐火车去伊萨卡，把自己的住处安顿好。星期二上午八时，我排在一队姓氏是以 M 开头的人中间。每个人都有一张表，唯独我没有。当轮到我时，管理注册的人对我说，'你什么都没拿到。你怎么能进去呢？'恰好在这时，屋子里有人大声叫我的名字，很响，我们两人都听见了。他说，'请稍等一下，'走进去同什么人说

了几句话，又退出来，说‘拿着这张表，上前去。’我一直没有打听出来究竟是怎么一回事，对所发生的一切我犹如坠在迷雾之中。但我就这样进了康奈尔。一定有人为我做了些什么，但我不知道，那不过是一个巧合。我所关心的只是我进了大学。入学后上的第一课是动物学，这恰好是我完全入了门的。现在我做了我真正想做的事，在整个大学阶段我一直是欢欢喜喜的。"

很明显，麦克林托克喜欢的就是事情"恰好发生"的那种想法。她认为应该用与别人不同的准则来衡量她，这一类事情恰好支持她的意见。可是她的姐姐却肯定，藏在这种奥秘后面的，明摆着是她母亲的足智多谋。"母亲是最能随机应变的，一旦下定决心，她将全力以赴，务使巴巴拉被录取。"

康奈尔大学是麦克林托克的全部希望，农学院是免费的（这也是最后决定在这里注册的主要因素），虽然如此，钱仍然是烦恼之源。部分是由于确定不了她的钱维持多久，而部分却是由于麦克林托克的热忱。她一开始登记了许多超出她接受能力的学科，"我登记了一门学科，但是如果我认为太吓人的话，我就把它撂开，那样就记我一个Z。当我读到三年级时，我发现我有一大堆了。"

这种作法使注册办公室有些头疼，在别的情况下，这最终会妨碍提早毕业。但正因有了那种拘泥于形式的旧制度，才使得后来麦克林托克能够不理会外界的种种干扰。

康奈尔大学的生活实在太有趣了。"有许多在学院里学到的东西，在外面通常是学不到的。你要同形形色色的小组、社团接触，你可以从来自不同地区的具有不同背景的人那里得到知识……学院恰似一场梦……我在康奈尔结识了很多人，我和许多姑娘（主要是犹太姑娘）很

诺贝尔光环

熟。那时非犹太人和犹太人之间是严格隔离开的。我喜欢这个小组，我们住在宿舍里，有两个是同房间的。她们在塔楼上有两间屋子，我们经常在这里会面。"她喜欢她们，甚至花时间向她们学习意第绪语（一种犹太人使用的国际语），因为她们同康奈尔其他的人全然不同。这个小组（埃玛·温斯顿是这个小组的成员，她后来是纽约犹太人的领导人，另一个是劳拉·霍布森《君子协定》一书的作者，少数非犹太会员之一）显然以巴巴拉为其社交的核心，她是小组里唯一的科学家。

康奈尔大学校园风景

但是如果说巴巴拉喜爱这"分离开的"小组的话，那并不是因为她在班上同学中间感到孤立。她姐姐马乔里回忆说，麦克林托克在大学一年级时，最喜欢交际了，这同她孤寂的童年形成了戏剧性的对比。她

"看了招人喜爱"，她多次受到邀请——当她回家时她母亲和姐姐"真太高兴了"，她是如此成功地参加了学校生活，第一年就被选为一年级女大学生的主席。一个妇女社团也想拉她入会，但当她发现她同寝室的人只有她一个人被邀请参加时，她谢绝了邀请。"这些姑娘是非常好的

巴巴拉·麦克林托克

姑娘，我立即意识到有些人是社交圈子里的，有些人则不是，"她回忆说。"这里有一条把你归入这一类或那一类的分界线，对此我不能接受。因此我想了一会儿，就悔了约，从此保持独来独往。我就是受不了那种区别对待。它是如此的令人震惊，使我永远没有真正恢复过来。甚至到现在我仍强烈地反对名誉团体。我属于一帮子人，因为如果我要工作就不得不如此。如果我失业了，我就敢说'不'。我

必须遵照职业的规矩办事，但我只是不去和私人聚会……可是我必须加入那一帮子。"她姐姐马乔里认为可能因为这种反作用，在大学一年级时破坏了麦克林托克的吸引力，使她倒退回去公开地宣称她将不遵守公认的一切准则。

在那些年里，她订了许多有关生活方面的准则，什么是她能接受的或不能接受的，什么是她愿意接受的或不愿意接受的——她是始终不渝的。比如她决定，作为一个大学生，她再也不能总为长发操心了。她把头发剪短，并且为此曾同当地的理发师有过一段"长长的哲理性的交谈"。她的新发式第二天在大学里引起了轰动，波及到整个大学校园，

此后不久妇女短发式就成了时髦。不过在1920年，"不管怎么说，有些事是来得稍微早了些！"两年以后，当她当研究生时，出于同样个人的原因，她觉得她不能穿其他妇女穿的那种衣服和裙子到玉米地里去工作。她到裁缝那里定做了一条宽大的运动裤，大家都管它叫做"灯笼裤"，这是个"我应该穿什么样的衣服的问题，我不能再穿其他人过去所穿的那种衣服了"。

玉米地

但是，最重要的尚待解决的问题是她跟男子们的关系了。在最初两年里，她是男女同校的学校中的一个女学生，要出去赴很多约会。"接着，我终于决定我必须加以区别对待。我记得曾经动过感情，我喜欢几个男子，但他们都是这种类型或那种类型的艺术家，而不是科学家。他们和我并非萍水相逢。我感觉到了有一种非常强烈的感情上的依恋，不过就是一种感情上的依恋，如此而已。"对此她很清楚，她就要卷进去了："这种依恋不能再继续下去。我了解我所遇到的每一个男子，没有什么可继续的。我就是不适应同那些人密切交往，我一直不适应，甚至连我的家庭成员也如此……我没有那种使自己依恋于任何人的强烈需要。我就是不觉得。我永远不可能懂得结婚。甚至到现在我还真的不懂……我从来没有体验过这方面的需要。"

另一方面，并不是因为她所选择的专业的梦幻取代了她的感情。没有什么表明麦克林托克的生活是按某种事先设计的计划行事的。"我从来没有觉得我需要继续干什么事，或者我要把力气花在某些特殊的努力上，"她说，"我记得我做了我要做的事，而绝没有想到什么专业。我只觉得我过得好极了。"

但是不管是由于冲动，还是由于环境的影响，在她大学三年级末了的时候，她完全走上了成为一个职业科学家的道路。在她的家庭里，虽然她的父亲是一个医生，但没有人对科学有兴趣，她父亲对她特别疼爱（在很多方面，她是他的宠女）。但在她或她姐姐的回忆里，他从来没有和她讨论过科学方面的事情。她记得在中学时她就非常喜欢物理和算术，但她不知道有任何一位导师或者某个中心人物，男的也好，女的也好，对她能够起到表率作用。她记得只有在她上大学三年级的期中，在她读完了一门特别激动人心的课程（遗传学）之后，她个人对这门学科的兴趣，是因为接到教授要她参加遗传学研究生课程学习的特别邀请而进一步受到激励。从这以后，她就非正式地获得了研究生的身份。给了她一个小房间，她可以自由听课。虽然还需要一年半，她才能得到足够的学分去补足她以前积欠的"Z"，而能正式毕业。但到这时，就不复有问题了。"我知道我只能继续干下去。"然而现在产生了一个问题，就是怎样才能使她的研究生身份合法化。她回忆说："植物育种系不接

受任何女生，至少他们不愿意接受女生当研究生，而遗传课是在那里讲授的，"麦克林托克回忆说，"他们也破例接受一些人，但不收研究生。不过在植物学系，我也读过细胞学的课程，那是我非常喜爱的课程（它是一门主要研究细胞和染色体工作的课程）。因此，我在植物学系注册作为研究生，主修细胞学（染色体工作），辅修遗传学和动物学。"除遗传学和细胞学之外（农学院设置的课程），她还选了很多动物学的课程，不选的课，她就旁听。

迄今为止，根据回忆所浮现的麦克林托克的肖像只使我们略略瞥见了她的特点，这些特点是至关紧要的，它刻画出了一个科学家的形象。麦克林托克在童年时代就有惊人的自主性、果断以及专心致志等能力。成年以后，她一直保持着她幼时的那种专心于事物的能力，其程度确实是异乎寻常的。

到读研究生二年级时，她已经知道她想做的是什么了。在前一年，她受雇于另一位细胞学家担任助手，她发明了鉴定玉米染色体的一种方法，能辨别出每一条细胞染色体——这使得长期从事这个问题研究的雇主感到吃惊。"是的，我发明的这种方法他也可以做，但

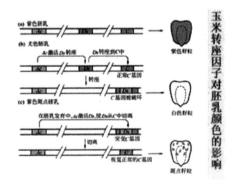

玉米的转座系统

我在两、三天之内就把它掌握了，而且我干得十分干净、利落、漂亮。"她的雇主对她的成功有点不高兴。"我从来未想到我从他手里夺走了什么，我甚至连想都没有想过。这是多么令人激动啊，就在这一点上，我

们做到了将一条染色体与其他染色体区别开来，而且如此简单！他盯着的地方刚好是错误的，而我却看着另一处。"他们之间的友谊可能完结了，但麦克林托克的事业却开始了。麦克林托克发现自己正"朝正确的地方看"，她打算花几年的时间接着干下去。

现在，麦克林托克发现她能够辨认每一条染色体了，每一条都给了一个标记数字，从一到十，从最长的排列到最短的。她发现每条染色体都有独特的形态学特征——长度、形状，以及本身的构造等。有的染色体可以由臂长、在前期沿染色体出现的念珠状的结构模式，以及着丝粒的相对位置而区别开来。在不同的遗传世系中，某些形态特征大不相同，这表明有可能利用这些特征作为特殊遗传特征的标记。特别是可在某个品系的次短的染色体（麦克林托克标为第九对染色体）韵一端找到一个明显的、染成深色的结节。在以后做实验时，这些主要的特征将成为测定遗传图的重要标志。

巴巴拉·麦克林托克的果蝇实验

1927 年，麦克林托克还不满二十五岁，她就完成了研究生学业，获得了植物学博士学位，并被聘为讲师。这时，她已明确地制订了下一步的工作蓝图，她还没想到要离开康奈尔："现在看来我想做的都是一些显而易见的事情，可对当时在康奈尔的遗传学家或植物育种学家来说，却不那么显而易见，这实在令人不可思议。"在果蝇身上，已证实"连锁群"（遗传的基因组）在特定的染色体上。"我想在玉米中做同样的事——记录特定的连锁群，

诺贝尔光环

并把它与特定的染色体联系起来。毫无疑问，我所设计的这个方法是非常完美的。因此我留在康奈尔做这方面的工作。"

然而，这并不是一件容易的工作，麦克林托克需要帮助。"在当时，有两种不同类型的遗传学家：一类是育种人员，除育种外什么都不干，另一类是从事染色体研究的人。这两种人并不聚在一起，甚至工作的地方也是分开的。"麦克林托克想让他们联合起来，因此她设法与在玉米育种方面比她懂得多的人进行合作。"搞遗传学的人不可能懂得这个。不仅如此，他们认为我这样做是有点疯了。那些同我一起从事研究的人只是些将要陆续退出的人。"所以这很可能影响她的工作进程，但是，"我认为，显然这正是我要干的事，因此没有办法使我停下来，"于是她不得不将另外一半的研究工作也接过来。"一切顺利。我很高兴我这样做了。"

诺贝尔光环

野生型与突变型果蝇的眼色

麦克林托克的果蝇实验

　　将这些天才的年轻人吸引到康奈尔来的磁石首先是罗林斯·埃默森，他是当时最重要的玉米遗传学家。他作为指导教师、植物育种系（不对女子开放）主任，以及作为研究生院院长受到他的学生们的爱戴。埃默森创造了一种刻苦工作、热心研究和开诚布公的气氛，这使得他的实验室，用他学生的话来说，成为"一个非常特殊的地方"。但至少对罗兹来说，接下麦克林托克的工作甚至更为激动人心。从一开始，罗兹就承认"她就是有些特殊"。

　　当埃默森的研究范围仅限于通过育种进行玉米遗传研究的时候，麦克林托克已在细胞学的工作上开辟了新的领域。那时，可以研究的各种新问题将麦克林托克、罗兹和比德尔吸引到了一起。关于遗传学基本假说的细胞学证据，过去一直只是通过果蝇实验得出，现在植物也能提供类似的证据了。而且，通过对其进行细胞学分析，人们可以开始设计出一种遗传学的方法，并凭借这个方法，可以很清楚地看到染色体上基因的排列顺序所经历的一代至一代的变异。

　　麦克林托克回忆说，"我们是一个小组，全部目标明确。我们常常开会讨论问题，但没有让教授参加——只是我们和其他一些人讨论。"查尔斯·伯纳德、哈罗德·佩里以及皮威·李等三人加入了这个小组，还有像杰出的遗传学理论家刘易斯·斯塔德勒也频频出席会议。遗传界的大多数研究人员都认为，这段时期，从 1928 年开始，延续到罗兹和麦克林托克离开康奈尔为止，是玉米遗传学的黄金时代。到了 1935 年，这段时期基本上过去了。有一张在黍谷举行的一次午餐讨论会上拍的照片，它作为历史性文件而保存下来。它表明巴巴拉·麦克林托克——一个衣着漂亮的、娇小的年轻妇女——坐在四个顾长、瘦削的人身边（其中多数是年轻人，而埃默森教授也曾经多次参加这样的聚会），她的眼

诺
贝
尔
光
环

里闪烁着可被描写为"愉快的一瞥"的热烈的光芒。

今天，马库斯·罗兹和乔治·比德尔都已年近八十，他们仍一直在种玉米。罗兹在卢明顿印第安纳大学，比德尔在芝加哥大学，马库斯·罗兹又高又壮，一眼看上去很像是一个中西部的农民而不像一位著名的科学家。事实上，他两者兼而有之。罗兹喜欢谈论他的老朋友，他热切地向人炫耀他那林木葱翠风景如画的园子，兴高采烈地回忆起那旧日的

时光，每一位科学家都有其自己独特的对世界的看法——这既可以从其他人那里，也可以从他所研究的学科那里得到反映。每个人都有与众不同的爱好——这一爱好打上了他本人个性的印记。罗兹的个性是以心胸开阔、慷慨大方和热情奔放为标志的。自 1974 年退休之后，他一直天天在实验室上班，没有请过一天假。他热爱他的工作，你无法想象他会以比较悠闲的方式度过

芝加哥大学

他的余生。他还是他，一周七天单调的工作。但是他喜爱他的朋友们和同事们的风格，同样也很喜爱玉米的特征。

回忆起他在康奈尔最初的那些日于，罗兹进一步证实了麦克林托克

諾 貝 爾 光 环

关于他在她和那些遗传学家之间扮演和事佬角色的说法："有一件事足以使我增光——从一开始，我就承认她是好样儿的，远胜于我，我对此毫不抱怨，我赞美她。因为毕竟事情是这样的显而易见：她就是有那么点特殊。"根据罗兹的说法，她是他们这个小组的真正的灵感。"我爱麦克林托克——她是惊人的。"

五十多年之后，看来他没有理由要修正他早年对麦克林托克所作的评价。"我知道许多著名的科学家。但我真的认为麦克林托克才是唯一的天才。"

灰黄体

黑檀体

野生型与突变型果蝇的体色

麦克林托克的果蝇实验

对麦克林托克来说，旧日的时光是特别令人愉快的。在康奈尔的玉米地里，同时接二连三地出文章。从 1929 年到 1931 年，她共发表了 9 篇论文，详细地叙述了她所作的探索：在玉米染色体形态学方面；在成

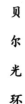

功地将细胞学标记与已知的遗传标记联系起来方面。她的每一项探索对遗传学都作出了重要的贡献。"我们正开辟一个新的领域，就我们三个人。"他们满怀信心地在一起工作，他们开始得到了人们的承认，但麦克林托克与其他两个人之间，却默默地存在着重大的分歧。

康奈尔对于罗兹和比德尔只是沿着一条有明确目标道路走出了第一步。这些年轻人指望展现在他们面前的是一条辉煌的、埋头苦干的、充满机会的历程，而对于麦克林托克，前面则是一条未知的道路。她只是做她所想做的，"绝对没有想到出人头地"。可以这样说，她是不会现实得想到要出人头地的，在巴巴拉·麦克林托克时代，具有科学知识的妇女都宁可当技术工人与教师而不当科学家，科学对她们只是一种爱好而不是谋生手段，研究员的职位是轮不到她们的。允许妇女担任的大学里的职位绝大多数只限于助教，偶尔还有讲师。她们可以在女子学院任教，或者她们可以嫁给科学家，而在她们的丈夫的实验室里工作。于是对大多数这样的青年女子来说，这一切就是对她们热爱科学的全部报偿了，她们已安于这种状况。而巴巴拉·麦克林托克则不然，她不能，也不愿安于在她性别方面强加给她的限制，而不管这种限制来自何处。也许，她不曾想到过"出人头地"这个词，但是她也不想接受任何替换方案，而其他科学妇女看来是愿意接受这样的方案的。她知道她是谁，她属于何处。她钟情于研究，且干得非常出色。

麦克林托克决定选克赖顿接替自己现在的职位。因为，麦克林托克已经开始预感到她将要离开康奈尔，正在找一个人以推荐给夏普当助手，克赖顿回忆起当时在康奈尔积极活动的理科女大学毕业生组织——SDE，麦克林托克鼓励她参加，虽然麦克林托克本人并不是这个组织的成员。

当时，克赖顿的主要任务还是学习科学。细胞学分析技巧十分精密，难度很大，非付出大量的精力不可。但是克赖顿发现她正在学习一些更有用的技术，她正学习跟着麦克林托克论文中的方法一步一步地走。她回忆说，即使在当时，许多人就已发现因为愚钝而"很难跟上"麦克林托克。她发现，有时候麦克林托克并不根据前提就作了推理，而事实上，麦克林托克却回答了"你当时可能会问的问题"。这种推理能力是麦克林托克的思想所擅长的，麦克林托克正在讲述的往往正是"你可能会问的问题"。这种推理能力也使克赖顿受益不浅，它帮助她建立起自信心，而这种自信心在应付麦克林托克提出的高标准问题时是很必要的。"她很快就看到了事物，而不那么快看到的人的日子是很不好过的。"

冬去春来，1930 年春天，麦克林托克提出了一个问题要克赖顿继续干下去。麦克林托克认为通过染色，她已观察到在第九对染色体上有一个结节，利用这一纯系玉米，最终有可能在遗传交换和染色体交换间建立关系，遗传学家认为这一关系是理所当然的，但他们提不出证据。

麦克林托克已经测定了位于同一染色体上的基因连锁群的特殊位置，

巴巴拉·麦克林托克

并正绘出其他细胞学标记的形态。所有这一切是通过在同一染色体上靠近两个截然不同的遗传标记的两个细胞学标记来完成的。同时，通过追踪由植物的遗传交换（交配）所新产生的两组标记就能很容易地确定这些交换是否同时发生了。麦克林托克所培养的遗传学和细胞学标记的

诺贝尔光环

种子使得克赖顿进入了玉米遗传学这门学科的大门。

　　紧张的一天过去之后就是休息，作为娱乐，麦克林托克最喜欢痛痛快快地打一场网球了。每天下午五点钟，如果天气好的话，她和克赖顿在网球场上交手。"她回一个球就像猎取一条染色体那样紧张。"虽然，那位较年轻的、长得较高的妇女本身就是一位高超的网球手，现在回忆起和麦克林托克打球的情景时仍感到精疲力竭。

　　1931 年春天，摩尔根来康奈尔在梅辛杰年会上作报告。一系列的报告刚一结束，这位伟大的遗传学家就从某个角落出现，到各实验室巡视，他想知道每一个人正在做些什么。当他来到克赖顿和麦克林托克两

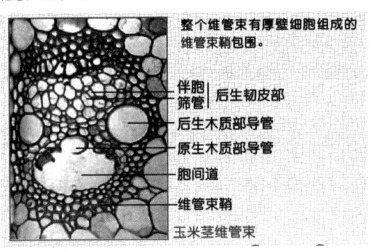

玉米茎的横切结构

人的小办公室时，克赖顿向摩尔根报告她的研究课题，并给他看了去年夏收的主要成果。摩尔根立即问她们是不是已发表过文章，没有，她们正在等玉米熟了以肯定她们所积累的材料，摩尔根表示反对。他认为她们已完全够了，她们现在就应发表她们的成果。摩尔根克服了每一个人

的犹豫（例如，夏普说这是克赖顿的博士论文，她得实习三年来完成这篇论文），他要了笔和纸，当场写了一封信给《国家科学院记录汇编》的编辑，告诉他预计在两周内可以收到克赖顿的论文。论文在 7 月 7 日寄到，1931 年 8 月刊出。

密苏里大学

1931 年，第六届国际遗传学大会的前一年，麦克林托克终于认为，该是她离开康奈尔大学的时候了。"我不能无限期地无所作为地呆下去，我不了解，他们甚至要我留下来当一名教师，那对他们对我都是很为难的。"虽然她在康奈尔的许多同事都十分知道她的价值，她受到他们的尊敬、支持和爱慕，但是大学仍不可能给她一个适当的职位。直到 1947 年，康奈尔大学才在家庭经济学方面第一次任命了一位妇女助理教授。像她这一代的大部分妇女一样，麦克林托克是知道这一点的，她只要能够继续她的研究工作，她看来是打算接受这个职位的。时间和一个工作的地方就是她的全部要求。

她幸运地从国立研究院得到一笔研究基金，使她可以接下去干两年。1931 年到三三年，她先后在密苏里大学、加利福尼亚理工学院和康奈尔大学度过了她的时光。康奈尔大学继续作为实验基地为她服务，作为她在哥伦比亚、密苏里和帕萨迪纳加利福尼亚大学以及她各地旅行的中转站。她在康奈尔保留了实验室，定期回去检查谷物，借用必须的设备。她说："他们不能为我提供工作，但他们为我提供了所有的东西，那再好不过了。"

她是有头脑的，伊萨卡早就成了她的第二个家，代替了她的第一个家而且更为重要。这是一个可以回去的地方，有一回，离开学院才不久，她害了病，她的医生埃斯特·帕克博士邀请她到自己的家里去疗养。帕克博士同她的母亲住在一起，经常有需要护理的学生上门就诊。"因此我去了，比通常住得稍长些。我们相处得很好——我跟她的母亲、几条狗和几只金丝鸟都相处得很好——那真是一个好地方。我喜欢在花园里劳动、割草、接电话等等。那是一次轻松、随便、愉快的经历，是我好运气的又一例子。在康奈尔好运气自始至终伴随着我。"

埃斯特·帕克成了她的私人密友。在麦克林托克的生活中，这一友谊作为情感上和身体上的依靠而持续了很多年。埃斯特博士的家提供了另一个家和"一个可以去的家……对于我，这是一个家，在那里我能够真正和我的工作保持接触和联系。我不会沉溺于转来转去……我没有迷失方向。"她把康奈尔建设成为总部，在那里生活，在那里工作。"康奈尔是我失业时想去的地方——我经常在那里。"

但到了 1931 年，她开始探索外部世界。那年夏天刘易斯·斯塔德勒的一份请柬把她带到了密苏里大学。1926 年，斯塔德勒获得国立研究院奖后曾回康奈尔同埃默森一起工作。在此期间，他跟麦克林托克开始了持续了许多年的合作，他们成为亲密的朋友和同事。

1933 年，由无可匹敌的三巨头——摩尔根、埃默森和斯塔德勒的推荐，她获得了古根海姆奖学金去德国。她原来计划是同科特·斯特恩一起工作，但斯特恩那时已经离开了德国。另一位大遗传学家（也是犹太

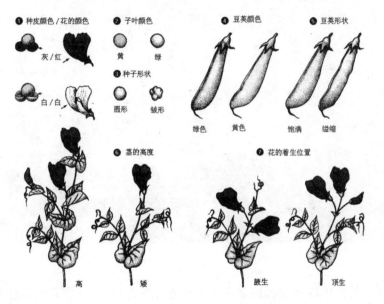

遗传学中的孟德尔三大定律

人，但凭借他的盛名，多少要比斯特恩安全些）仍在柏林，这个人就是理查德·戈德施米特，威廉皇帝研究院的负责人。戈德施米特是遗传学历史中较为有声有色和有争议的人物之一，他是一个目光远大的思想家，对遗传学与发育之间的关系、生理学以及进化一直有兴趣。他坦率地批

评当代遗传学理论过分狭隘，并且过分集中注意力于遗传机理。他特别乐于揭露美国摩尔根学派遗传学家们概念的不当，虽然后来他在现代遗传学家中间声名狼藉，但在当时，他是受推崇的人物，他的许多理论最终受到怀疑，但有些意见同麦克林托克后来对遗传组织的观点是响应的。

德 国

可是，1933 年去德国是一个不祥的时间。"那是一个非常难忘的经历，我对我所看到的毫无思想准备。"她和当时的许多美国人一样在政治上十分天真无知。"如果我有政治头脑，我就会走一条完全不同的道路，我就不致于被我在那边看到的正在进行的事情所压倒，被扰乱而完全陷入恐慌。"或者说，如果她懂得多些，她可能干脆不去德国了，希特勒统治的悲剧给她的打击非常厉害，而且显然也是针对她个人的。即使对于那些在她周围所发生的事，她也是孤独无援的。她的许多亲密朋友和同事（可追溯到大学时代）是犹太人。在德国，作为一个局外人，不管感情怎么样，她在寻找她大学里的犹太朋友，就会一而再、再而三地抛头露面，她不愿意讲那时期的事。就在德国期间，她写了有关核仁的论文，"那就是为什么论文写得如此之糟……我的情绪坏极了。"

哈里特·克赖顿回忆说，她经常收到（有时是每天）从德国来的信，信中描述了严寒、多雨、寂寞的日子，没有一个能与之交谈的人。研究无法取得进展，加上可怕的寂寞。刚好在圣诞节前，她回到了在康奈尔的旧实验室。这就是她的老家，她显得出乎意外地心绪不宁。

回到康奈尔，她像平常一样重新工作，但她的沮丧是显而易见的。带着她在德国的创痛经历，她回到了被大萧条搞得摇摇晃晃的祖国。她个人的经历使她清楚地意识到她被迫面对现实情况：从一开始情况就十分困难，而现在又由于周围经济萧条而大大地激化了，从儿童时代起，她就知道，要独行其是就得付出代价。在过去，那代价看来是必然的，但又是可以对付的。但现在，忽然之间，那代价显得比她所预期要大得多了。

下一步怎么办呢？她已把奖学金花光，她仍然没有固定的职业。哈里特·克赖顿从观察麦克林托克中得到一个重要的教训。这个教训加强了在这以前另一个从观察卢埃·明斯小姐的人所得出的教训："你不能老呆在康奈尔或任何其他大学！"这是麦克林托克，比克赖顿大七岁，而且更有经验，得到最大的信任，并有遗传界巨子的支持，但却找不到一个职业。大概就在那时，她的工作得到承认已露端倪。"这就是他们所说的妇女的职业。它来得十分突然——令人惊奇和有点令人不愉快……在那时候，在20世纪30年代中期，一个妇女有抱负是不很受欢迎的。你如果是一个未婚的、有抱负的，特别是在科学方面有抱负的女子，你无异是在糟蹋你自己。我忽然认识到，我已陷于不知道到哪里去

诺
贝
尔
光
环

工作的境地。"

　　1934 年春天，离开学校七年之后，麦克林托克已赢得国际的声誉，但她还悬在康奈尔得不到财力支持。时世对每个人都是艰难的，大学里的就业机会几乎荡然无存，这种情况甚至对她的男同事也一样，哈里特·克赖顿是幸运的，但她的专业已从生物学研究的主流转向其他方面。罗兹和比德尔，同 20 世纪 30 年代中期的其他人一样，正在等待时机。他们都担任研究副手的工作，比德尔由摩尔根支持，罗兹由埃默森支持。但麦克林托克有胜过他们的地方，她有四到五年（分别地）从事博士后学位的工作经历，却无法指望有谁会支持她，她决定得离开了。因为无论是她，还是她的研究要是没有一笔钱是不能存在下去的。

麦克林托克

　　很幸运，埃默森得悉她决定离开的消息后就同摩尔根联系，他转而向洛克菲勒基金会这个经费来源申请。基金会的支持，至少在遗传学方面是唾手可得的。他申请 1800 到 2000 美元一年，作为麦克林托克在埃默森的实验室的研究经费。一次，摩尔根在与洛克菲勒基金会自然科学分部董事沃伦·韦弗的会见中争辩说，这样一笔投资"将是对整个遗传学领域最重要的贡献。她是高度专业化的，她的天才被限制在玉米遗传的细胞学方面，但她肯定是在这个狭隘领域里全世界最优秀的人。"摩尔根也提到了他名之为她的"个人困难"，声称"她在这个领域里十分失意，因为她确信，如果她是一个男子的话，她就会有较为自由的科学研究的机会。"可是麦克林托克看不到前途，她对自己和她男同事们的前途的不一致而牢骚满腹。合适的职位实在难得，他们都在为她积极寻找。

伍兹霍尔遗传学会议几个星期之后，麦克林托克得到了一个为她父亲窘迫的、不速而至的访问表示歉意的机会。汉森非正式地记录了那次对话。他说他和沃伦·韦弗见到她父亲非常高兴，如果她知道这情况也会感到安慰。因为重新发给奖金的决定是在她父亲访问之前就定了的。不管怎么样，访问丝毫不影响我们。这显然使得她把工作继续下去。她还说了些她过去的境况，那些情况部分地说明了她的今天。麦克林托克小姐身材修长，像男孩子一样，体重约 90 磅，发式是蓬松的男孩子的发式，她说她是三妹妹中最小的。因为她不是一个男孩，她的父亲是如此地大失所望，他把她当成一个男孩子来培养。在她四岁时，就给她拳击手套。更大些时，她得到男孩子的玩具，和男孩一起活动。她的模样和动作仍旧像个男孩而不像个姑娘。她认为她现在1800 美元的奖金，是她从未得到过的最大的收入。但是除了

麦克林托克

足够维持生活之外，她对金钱毫无兴趣。她在康奈尔工作，得要一辆车，因为每三天她要旅行一百英里，穿梭来往于各实验点，她还得用奖金付汽车费。她说已多年不添置衣服了，而情况看上去也正是如此。

诺
贝
尔
光
环

在同一次谈话里，麦克林托克作了一点解释："埃默森给她研究生奖学金一事纯属虚构，因为他允许她完全为自己的课题工作。"她骄傲如常，希望记录如实。她是一个有自己个性的女子，做她自己的工作。对外面的世界，并无所求。

但在她生命的这一阶段，她的从性别歧视中解放出来的主张仍有某种讽刺意味。在现实世界里，性别歧视的问题并非不存在，它比以前更尖锐了，麦克林托克从各个方面了解到这一点。现在，她说："外界经常会干扰你。"她个人的努力是不能回避这样一个事实的：她是一个占据了习惯上为男子设置的职位的妇女。她自负的主张不能改变她实际上赖以生存的周围世界。即使她什么都不需要，她还是要一个职业。

无疑地，麦克林托克为她的同事们提出了一个严肃的问题。他们是一些公正的人，准备承认她的价值。他们全都充分肯定她的才能，肯定她对遗传学的发展所作的重要贡献。他们愿意帮助她，并分头为她寻找支持。作为一个人，他们没有懂得这样一个事实，即正是因为她是一个妇女，她才同自己对垒了。困难在于适于妇女干的职业绝无仅有，使困难复杂化的是麦克林托克自己的态度。事实上，她拒绝接受妇女的地位。她既不愿在传统的领域里当一个"贵妇人"，更不愿意当一个"贵妇人科学家"。她是来坚持她的权利的，她要求用与她的男性同事们同样的标准对她进行评价。对为她所作的努力和她所得到的报酬，她并不感激。她抱怨她和她的同事们之间，在机会方面明显的不平等，她坚持认为应根据实际情况平等地进行赏罚。

这使得她在她的同事们的心目中，不只是异乎寻常，而且是大成问题了，她被看成是"好斗易怒的"。摩尔根解释她的"确信"时说，如果她是一个性格不好处的男子的话，她还是会有比较多的科学方面的机

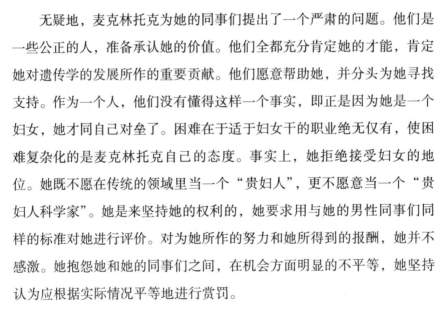

会的，不大会有科学家希望有一个找麻烦的同事。甚至对她最崇拜的支持者们，要为她找一个合适的职位，也不是一件容易的事。

接下来的两年，依靠洛克菲勒基金会的支持，麦克林托克继续在埃

麦克林托克

默森的实验室里进行她自己的研究，但她的情绪低落。她在1935 年发表了两篇论文，一篇确证了她和哈里特·克赖顿早期的工作；另一篇和马库斯·罗兹合写的论文回顾了在玉米遗传学方面的最新进展。在《遗传学小史》一书中，邓恩写道："最近的论文标志着科学又到达了一个顶峰，细胞学和遗传学的方法融合为一个单独的、显然引人注目的领域。它也标志着在康奈尔玉米细胞遗传学黄金时代的结束。

那光荣的时期过去之后，1935 年末，麦克林托克的朋友们都各奔前程了：罗兹进美国农业部；比德尔从 1931 年起就在加利福尼亚理工学院，后启程去了哈佛；哈里特·克赖顿在康涅狄格女子学

麦克林托克

院；只有麦克林托克仍留在康奈尔。自从她开始她的事业以来，这是第一次在她的论文目录中出现了间隙。1936 年，她没有论文问世。

让世人关注妇女和黑人

诺
贝
尔
光
环

　　1931 年 2 月 18 日，托尼·莫里森出生在美国俄亥俄州的洛雷恩一个位于伊利湖畔的钢铁工人的家庭里。1953 年，在著名的康奈尔大学里，她以"少数民族女学生"的身份继续她的英国文学学业，在康奈尔大学她专攻福克纳和沃尔夫的小说，并于 1955 年毕业获硕士学位，

托尼·莫里森

　　福克纳的短篇小说多采用写实手法，情节鲜明，戏剧性强，生活气息比较浓厚。福克纳本人对之短篇小说评价很高，认为它在艺术高度上仅次于诗歌，因为作家写"长篇小说时可以马虎，但在写短篇小说时就不可以……它要求几近绝对的精确"。他去世以后，评论家不断发掘他的短篇小说，从国外对福克纳短篇小说的研究和发掘来看，现在翻译出版她的短篇小说集可以说是跟上了国际潮流，是个很及时的措施。

　　福克纳在西方文坛上被看作"现代的经典作家"，他的作品题材广阔。其"约克纳帕塔法世系"及其他小说规模宏大，人物众多，描写了两百年来美国南方社会的变迁和各种人物地位的浮沉及其精神面貌的变化。福克纳是美国"南方文学"流派的主要代表人物，他笔下反映的种植园世家子弟精神上的苦闷，也正是现代西方不少知识分子普遍感到困惑的问题。例如如何对待从祖先因袭的罪恶的历史负担，如何保持自身良心的纯洁，从何处能获得精神上的出路等等。福克纳对传统、对物质主义的怀疑与否定引起了他们的共鸣，他们认为福克纳表现出了"时代的精神"。

福克纳

　　另外，托尼·莫里森研究的是英国著名意识流小说家弗吉尼亚·沃尔夫。在沃尔夫的几部长篇小说中都表现出她对小说时间问题的极大关注和巧妙处理，具体表现为《达罗卫夫人》中的"时间的浓缩"，《到灯塔去》中的"时间的空缺"和《浪》中的"时间的象征"。文章中时间问题的巧妙处理对沃尔夫小说的意义：时间的巧妙处理使自由联想，内心独自和蒙太奇等意识流写作手法在沃尔夫小说中得以运用；时间的巧妙处理辅助构建了小说的结构美；时间问题处理技巧是沃尔夫传达思想情感，揭示作品主题的重要手段。

　　正因为这两位作家在她心中的地位和她们的独特之处，让托尼·莫

诺贝尔光环

里森在康奈尔大学是那样的专心了解和研究，并从他们两位身上学到了许多的精神和激发了自己许多的创作灵感。

托尼·莫里森从小就表现出了相当强大的文学天赋，这也为她后来在康奈尔大学学习英国文学专业打下了基础。托尼·莫里森出生在一个黑人家庭，她的母亲拉玛·沃福特经营着一家小旅店，父亲乔治·沃福特是造船工人，同时还兼两份短工。虽然母亲辛勤地工作，家里的生活仍然十分清苦，但是她们生活得很快乐。家人与邻居相互间都非常信任和亲近，故事、童话和唱歌是他们家庭生活中的重要内容。他的父亲特别爱讲鬼魂的故事，她们也特别爱听，她在后来的创作中渗透和融入了自己的家庭和亲情。她小时候父母对她的管教非常严格，使她终生受益，她曾把她的第三部小说《父亲》献给了支持和鼓励她的父亲。她上的小学是这个地区里唯一的一所贵族学校，同学的孩子有来自德国的，也有来自意大利和希腊的。她写的作文总是最优秀的，但是，老师经常公开表现出对她的不信任，并认为她的作文是从哪儿抄来的。她必须用能力来证明自己的清白，于是，她写了一首长达百页纸合辙压韵的诗歌。

1949年，托尼·莫里森获得了位于华盛顿的黑人霍华德大学的文学奖学金，成了第一个上大学的人。因为她的名字很难发音，她就从此改名叫托尼，她很喜欢这个从性别上看显得很中性的名字。这时，她开始热衷于学生剧团，并到处去巡回演出。在旅途中，她接触到南方各州的黑人在20世纪40年代末至50年代初期的生活现状，这些情景深深地烙进了她的脑海里。

托尼·莫里森

托尼是如此的热爱文学创作，进入康奈尔学习了文学专业。她一直以来都如饥似渴她阅读了大量的作品，但同时她又发现没有看到关于黑人生活的描写，也没有读到对自己周围生活着的人们的描写。由此，她萌发了自己动笔写自己生活的念头。从康奈尔大学毕业后，在她事业上取得了一定的成就后，她与建筑师哈罗德·莫里森结了婚，并在 1961 年，她的第一个儿子福特出世了。三年后，她又有了第

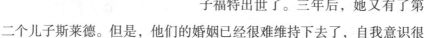

二个儿子斯莱德。但是，他们的婚姻已经很难维持下去了，自我意识很强的她不愿意去完全扮演一个家庭主妇的角色。1964 年，她们从欧洲旅行归来的时候，他的丈夫便没有一起回来。她成了单身母亲，同孩子住在父母在俄亥俄州的家。一年半后，她在著名的纽约蓝登书屋下属的子公司谋到一个学校教科书编辑的工作，这份工作是她和孩子们稳定的生活保障，她就请了一个白人保姆照料她的两个儿子，自己去工作。她还认为，这份工作也是一次很好的机会，可以借此

托尼·莫里森

把黑人生活的照片和故事编进教科书里，以唤醒社会对黑人的关注。

1968 年，她带着孩子们回到了纽约，在蓝登书屋总部担任文学编辑。她的文学评论具有很高的品位和权威，这也关系到黑人作家的倾向。两年后，她出版了她的第一部小说《最蓝的眼睛》。1971 年，她在纽约珀切斯的纽约大学得到了一个教职。这时，她开始了她的第二部小说的创作。1973 年，她用《苏拉》这一文学精品庆祝了自己 42 岁的生日。

作品中的苏拉是一个充满活力的人，她感悟性强、风趣，是位个人主义者，并且有创造力，就是不能控制住自己过分的好奇心和能力。她很忙，也从不休息，情绪波动很大，没有任何事情能让她的冲动停下来。她跟内尔很要好，内尔是一个很有责任意识和仔细的人，她们在一起时，内尔好像是扮演着妻子的角色，像是体现出善恶的一对。后来，苏拉决定去体验一种冒险刺激的生活，内尔与一个很体面的男人结婚了。

几年后，苏拉从外面回来了，她总结了一下自己的得失：这几年在外面的世界里体验到了真正的生活，但是，还没有得到爱情、友情，没有摆脱孤独。一个很坚强的、有神秘感的女人，这是她作品里偏爱的妇女形象，她们还往往是不安分的、很有生活乐趣的女人。她们的生活圈子是一个黑色群体，这个群体有着自己的交往方式和习惯，而且不与白人交往。

她把这两个主人公当做黑人妇女现实生活中的两种不同的典型形象，并认为："苏拉和内尔在很多方面很相像。她们互相补充，互相支持。我想，如果两个人能合二为一，就会成一个完美的个体了。"

这段时间里，她的作品大受欢迎，作品的题材都是反映现实生活问题的，并带有一种很固执的观点，而这正是新一代读者所期待的。1981 年她的小说《焦油宝贝》发表了。作品讲述了非洲的一个古老传说：

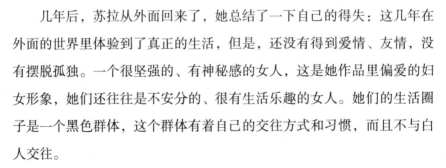

在一个荒无人烟的加勒比海的骑士岛上，美国糖果制造商、白人瓦莱里安·斯特里特和他的妻子玛格丽特建起了一个像乐园一样的自由区和一个老年人中心。一对黑人领班夫妇负责这里的一切具体事务，包括照顾

托尼·莫里森

主人公的侄女雅迪娜。迪娜在叔叔的资助下在巴黎大学毕业后归来，想改变这里的一切，分歧出现了。然而，对这个小岛真正形成威胁的是一个黑人的到来。这个传说中的黑人来自佛罗里达，名叫"儿子"，是为了避难来到这里。根据这个古老的传说，"焦油宝贝"是一只主人用来引诱兔子的"诱鸟"，雅迪娜就像一只诱鸟，引诱黑人跟着她掉进了陷阱。但是，爱情并没有就此完结，因为，在白人的世界里，雅迪娜把自己的灵魂丢了，她背叛了自己的家庭，失去了生命的支柱。一个超越了文化的爱情是注定不会成功的。最后，她面临着选择：是否愿意做一个黑人，并以此来决定身在陷阱里的那个黑人的命运。

在康奈尔大学，她就曾经是以"少数民族女学生"身份进行学习和钻研的，她一方面为自己能够来到康奈尔感到骄傲和自豪，同时，也为黑人和妇女接受同等教育的不平等性感到难过，她有自己的理想和为此不断奋斗的目标。

1983年，她辞去了蓝登书屋编辑的工作，因为她想有更多的时间读书。现在她终于有了足够的经济条件来专心读书了，这段时间她制订了

诺
贝
尔
光
环

一个庞大的创作计划，准备把非洲和种族主义的历史整理写作出来。她认为，北美的种族主义是人为制造出来的，是那些从欧洲来到北美的人确立下来的。她查阅了这一时期的大量史料，挖掘出已经被人修饰过的历史，她说："回顾过去的事情也许是一种反抗的情绪。没有人愿意回忆过去的事情，黑人不愿意是因为它使他们太痛苦，白人不愿意是因为它使他们感到罪孽。她在这个创作计划中的第一卷里，根据一个历史人物的原形创作了这个有关黑人文化的故事。这个历史人物是女奴玛格丽特·加纳，在肯塔基州她从奴隶身份变成了自由人身份。为此，她搬到了辛辛那提，不幸的是，她在那里又被原来的主人跟踪上了。由于她不想让女儿再过这种奴隶的痛苦生活，她杀了自己的女儿。文卷的书名是《人孩》，于1987年出版。1992年第二卷《爵士乐》出版，1998年第三卷《天堂》出版。

托尼·莫里森

《人孩》一书从根本上改变了她的创作道路，她找到了一种新的文学创作形式，即把丰富的历史材料加工整理，进行必要的艺术润色和增添虚构的情节，以符合时代潮流。《人孩》真实地介绍了美国内战之后黑人生活的情景和废除奴隶制的过程，表现出在那个年代里黑人的痛苦。1988年，她因《人孩》获得了普利策奖，世界文学评论都对这本书给予了很高的评价，它被翻译成多种文字。她不仅给白人讲述黑人的文化历史，也给黑人讲。她的作品，特别是《人孩》就是写给黑人看的。她的作品在种族问题上，在黑人妇女存在的性别观念的问题上，在她们社会和生理的现状中存在的问题上所做的揭示和透视，都是很令人称道的。她曾这样介绍过她的创作方法："在下笔之前要反复地考虑你的主题和文字，这是最好的办法。如果你是第一次动笔写东西，那就是最痛苦的事情了。开始时，我也不知道应该怎样做才能更好一些。这让我感到很压抑，很难拿起笔来。现在，这种情况再也没有了，因为我有了一个很好的开端，接下去我就能做得更好了。"

托尼·莫里森

她的创作集中在人物形象的象征意义上，然后她再把这种象征的寓意缩在文字里。她在创作中继续坚持对黑人的认同感，在她 1992 年出版的《爵士乐》中，描述了黑人奴隶的后代在纽约的奋斗史。在这个城市里，他们用音乐表达他们共同的生活感受、他们新的独立和刚刚争取来的人身自由。而她自身也是在另外一种条件下和时间里从其他州来到纽约的，也亲身体会到了在大都市里自己的感情在环境的影响下发生的变化，同时也提高了对生活的期待和标准。她始终把自己与非洲的历史和文化联系在一起。

1993 年，托尼·莫里森荣获诺贝文学奖。

诺贝尔光环

笨鸟先飞可以早入林

霍利1922年1月28日出生于美国伊利诺斯州的厄巴纳，1993年去世。1947年，霍利获得康奈尔大学哲学博士学位。后来，先后在华盛顿州立学院、康奈尔大学、索尔克生物研究所工作。1948—1966年，霍利在康奈尔大学任教，1964年，她晋升为教授。主要著作《确定大型低聚核苷酸顺序的一种新方法》、《核糖核酸的结构》、《丙氨酰转移核糖核酸的结构》、《确定大型低聚核苷酸和小型核酸的核苷酸顺序的实验方法》。

霍利

在霍利的研究室里，所使用的材料、设备几乎都是现成的，并非自己的发明或创造。比如他使用别人发明的逆流分布装置，再加上略有不同的分布系数，霍利花费了10年时间，最终获取了纯度较高的、具有转移丙氨酰功能的tRNA。另外，他之所以提出了著名的平面结构三叶草模型，是因为采用了一种RNA（核糖核酸）分解酶来测定RNA的碱基排列。而这种酶却是指导别人写毕业论文的教授发现的。

现在看来，提纯 tRNA 的场所与其称为实验室，不如称为工厂更合适。巨大的逆流分布装置不断运转着，这是他花费了大量人力、物力一手建起来的。总之，他用现有的装置提纯了 tRNA，又用现有的方法测定了 RNA 的碱基排列。

测定出胰岛素氨基酸排列的桑格博士，其测定方法除了可以快速测定出胰岛素氨基酸的排列外，还可以快速测定其他蛋白质的氨基酸排列，因此大大方便了广大科研人员的研究工作。从这个角度讲，他的成就影响就比霍利大。

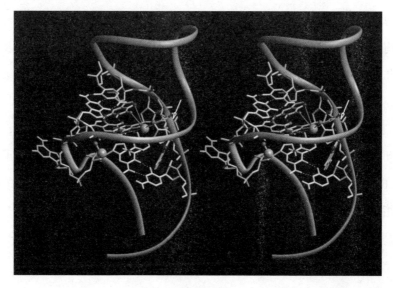

RNA 的排序结构

霍利博士是通过花费大量的钱财和充裕的时间来研究出 RNA 的碱基排列的。用这种"奢侈方式"获取 tRNA 来从事测定，一般科研人员只能望尘莫及，因此，相比之下霍利的成就影响较小。至今，人们仍在

诺贝尔光环

采用桑格博士开发的测定法。

不过话说回来，霍利的重大功绩就在于提出了平面结构的三叶草模型。他推断，模型中既有氨基酸附着的部分，也有信使 RNA 的密码与氢结合而成的反密码子（碱基三联体）部分。这种反密码子一端的碱基很特殊，密码部分的第三字符未必是同一类型。也就是说，密码有退化。这些推断都是生物学上的重要揭示，霍利博士就是因为这些成就获 1968 年诺贝尔奖的。

为什么霍利能够提出 tRNA 的结构并且获诺贝尔奖呢？在研究过程中许多苦干型研究人员，往往被采用新方法参与研究的后来者超过。霍利博士就是因桑格博士开发了快速 RNA 碱基排列测定法，而在 RNA 的结构研究方面被桑格博士超过的。这样的例子很多，其中居里夫妇及其女儿夫妇的例子就很明显。用苦干的方法不是不可以从事诺贝尔奖级的研究，但必须比其他人更早一步。

霍利博士的情况也是如此。当别人用已有的方法从理论上说明，但行动上还未能证明，并正在等待新的证明出现时，他提前一步开始了提纯 tRNA 的工作。当然，他的成就与同时获奖的尼伦伯格和霍拉纳的成就相比，其影响就差远了。

诺
贝
尔
光
环

学 风 吹 过

桥梁泰斗的理想和现实之间

茅以升早年毕业于唐山工业专科学校，在 1916 年通过了美国康奈尔大学的研究生入学考试，其成绩之优秀，使该校教授们大为惊讶和赞叹。一年后的毕业典礼上校长当场宣布：今后凡是唐山工业专科学校（原唐山路矿学堂）的研究生一律免试注册，茅以升为母校在国外争得了相当大的声誉。1917 年茅以升获得美国康奈尔大学硕士学位，1919 年又成为该校首名工学博士。其博士论文《桥梁桁架次应力》的创见被称为

茅以升

"茅式定律"，并荣获康奈尔大学优秀研究生"斐蒂士"金质研究奖章。

茅以升在康奈尔大学学习十分的刻苦和努力，同时，他孜孜不倦的身影和精神也让人们感受到对所学的发自内心的热爱之情。茅以升对造桥事业热忱的缘起，与他小时的童年往事有着千丝万缕的联系。有一年

端午节的前一天，他的几个小朋友来茅以升家邀约他次日同到秦淮河去看龙舟竞渡，茅以升欣然答应。可是第二天却正赶上他胃疼得厉害，所以他没能去。

在秦淮河上，都有定期热闹非凡的龙舟竞赛。那天，秦淮河上同样彩旗招展，人声鼎沸，锣鼓喧天。一百多条龙舟一字儿排开，船头上坐

茅以升

着划船手，按照规矩，在龙舟竞赛的进行中间，划船手必须齐心协力地划，看哪条船最先达到目的地，就算是优胜者。当天，观看龙舟竞渡的可以说是人山人海，连河岸边都被挤得水泄不通，热闹非凡。不论大人小孩，都穿戴得整整齐齐，鲜美亮丽，观看者都想占据一个有利的位置，来欣赏精彩的比赛。当龙舟从文德桥下划过

时，人们激动不已，一时间，数百人拥向文德桥。然而，惨剧就这样发生了，忽听哗啦啦一声响，桥塌了，许多人都摔到桥下去了。文德桥原本是一座比较古老的桥，年久失修，突然遇到挤压，很容易便倒塌了。有些识水性的人连忙下水救人，赛龙舟的人也放弃了竞赛，参加救援，这是出于人们预料之外的重大事故，人们都被这突如其来的景象吓坏了。

小朋友们回来后给茅以升进行了描述，文德桥倒塌事件让茅以升心情很激动。小朋友离开后，他平躺在床上，浮想联翩，心中暗暗下定决

心：将来我要学习造桥，要造出千万人踩不坏，挤不塌，踏不断的桥，甚至让汽车，火车从上面通过也无妨。

在后来的学习中，他仍然没有忘记自己立下的誓言。在选择专业时，茅以升决定学土木工程，特别是学造桥。能从小立下的志愿，终身为之奋斗，并立下丰功伟绩的，不能不说是受到文德桥倒塌事件的启发。

茅以升在康奈尔大学的学习，使他受益匪浅。他后来离开康奈尔，回到自己热爱的祖国怀抱，并通过他的实际行动，将自己在康奈尔的所学和感悟应用到了祖国的桥梁事业上。在康奈尔大学他不仅学到了先进的桥梁建设理论和方法，还通过刻苦的钻研和不断的探索，已经有了自己独到的见解和理论方法。

英雄肯定会有用武之地。1933年，浙江省决定在钱塘江上兴建大桥，以贯通浙江省铁路、公路交通。浙江省建设厅长曾养甫、浙赣铁路局长杜镇远和浙江公路局长陈体诚一致推举茅以升担此重任。提到委以此项重任，不能不让人想到：在世界范围内，中国在造桥方面所取得的巨大成就可以追溯到古代，中国人设计建造自己的桥梁远远早于外国人。在一千三百多年前，隋朝的李春就已经在河北省啸

茅以升

河上设计建造了一座精美的石拱桥——赵州桥，这个记录比西方人早了900多年。可是不知为何，到了近代，中国人的名字在造桥史上出现的

机会却很少，甚至中国境内的几座辉煌建筑，几乎都是由外国人建造的，比如：山东济南黄河大桥是由德国人修建的，安徽蚌埠的淮河大桥是由英国人造的，黑龙江的松花江大桥是由俄国人修建的，而广州的珠江大桥又是由美国人设计建造的，难怪西方人竟断言说中国人不能建造钢铁大桥。得到消息传来，他非常兴奋。尽管面临筹款能否成功，面临能否打破当时大一些的桥梁都是"洋人"修建的局面，能否击败"洋人"的竞争，以及在险恶大江上造桥能否胜任等尖锐复杂的问题，他还是鼓起勇气，知难而上，开始了对钱塘江大桥从筹办、设计、建造、炸毁、直到修复的领导工作。茅以升当时已经在北洋大学任教，他两下杭州调查研究钱塘江建桥的可行性。钱塘江上水、风、土都不比寻常。上游山洪暴发时，水流湍急；下游怒潮倒灌时，波涛险恶。如果上下同时并发，或遇到台风，江水翻腾激荡，势不可挡。江底流沙深达 40 米以

茅以升

上，受水流冲刷，变迁莫测，突然刷深的最大变化可达 10 米以上。茅以升仔细研究分析了钱塘江的水文、气象和地质资料，经过调查考虑之后，结论是虽然难度极大，但"在有适当的人力、物力条件下，从科学方面看，钱塘江造桥是可以成功的"。他以无比的勇气和信心，要在钱塘江上施展抱负，为国争光。钱塘江桥工处在完成本身任务之外，为了锻炼队伍，他还接受一些其他桥的设计任务，如广州"六二三"桥；福建省峡兜乌龙江

桥的测量钻探、初步设计。1936 年，为筹建武汉长江大桥，他进行了钻探和桥址比较工作，并作出了建桥计划书。抗日战争胜利后，他又提出"武汉大桥计划草案"。这些工作，虽因经费无着落而无结果，但锻炼了人才，为以后的建桥者提供了有益的资料。

1937 年抗日战争开始，大桥处于关系国家安危的战略地位，茅以升决定组织赶工。他几乎每天都下到桥基气压沉箱内，与员工研究措施。经全体员工努力奋战，于 9 月 26 日通了火车，宣告大桥建成。从 1935 年 4 月 6 日动工起，历时不到两年半。不幸的是，战局恶化，于同年 12 月 23 日茅以升不得不挥泪亲自参与将桥炸毁。直至 1953 年茅以升亲临主持大桥修复工程，才使其得到新生。

茅以升在修建钱塘江桥时已下决心，要使已组成的桥梁技术班子，在钱塘江桥建设中得到锻炼，成长壮大，让他们在祖国的江河上修建各式各样的大桥。为此，他把钱塘江大桥工地办成了训练培养桥梁技术人才的学校。

茅以升（右一）

为了给国家培养更多未来的建桥队伍，在大桥施工期间，每年暑假前还致函国内各工科院校，请他们选派三年级大学生 80 人来工地参观实习两个月，每天上课 12 小时，其余时间分派至各工点实习。桥工处不仅供应食宿，热情接待，还指定专人讲解、辅导。茅以升本人也在百忙中抽时间为他们讲课。这一举动，受到各大学和学生的热烈欢迎和积极响应。

学风吹过

钱塘江公路铁路两用大桥的修建是历史的伟大壮举，钱塘江大桥是我国自行设计建造的第一座既高又长的铁路、公路和行人三用两层大桥，成为中国铁路桥梁史上的一个里程碑。

当时，由于他在康奈尔大学的优异成绩和表现，已经有很多国外的单位准备请他去工作，他们给予了优厚的待遇，但茅以升都一一拒绝了。他回到国内后，不但不追求名利，而且哪里需要就到哪里，无私奉献。1941年唐山交大恢复正常教学以后，他竟决定虚席让贤，自己去开拓新的工作领域，就任交通部桥梁设计工程处处长，开始谋划抗战胜利后修复铁路、修建桥梁等工作。抗日战争时期，生活艰苦，很多有志造桥的工程技术人员，谋生无路。他筹建了桥梁公司，把这些技术人员和原钱塘江桥工处的部分员工，集中到桥梁公司。当时，虽然没有桥梁设计施工工程，就组织他们学习，研究桥梁的设计和施工，布置桥梁标准设计系列，并搜集参考资料，为武汉长江大桥、上海越江工程及修复遭破坏桥梁等工程准备方案。

1946年，茅以升代表上海"越江工程委员会"提出了《上海市越江工程研究报告》，接着又承担了部分桥梁修复工程，其中包括承办钱塘江桥正式修复的设计与施工。尽管这些工作无利可图，却培养了掌握新技术的人才，对祖国的建设有十分重大的战略意义。茅以升不顾责难，派人经营商业，以其收入作为这批职员的生活费用。1944年，桥梁公司经济十分困难濒于倒闭，茅以升筹划未来，从培养人才着眼，还毅然送大量人员去美国实习。对出国人员的家属，照付工资，直到回国。这批留美人员各有专攻，收获很大，归国后，大都成为祖国大型桥梁建设的前驱和骨干，在祖国建设中发挥了重要作用。

茅以升以他的学术努力在美国获得了康奈尔大学优秀研究生"斐蒂

士"金质研究奖章后，他并没有就此停步不前，回到中国后的几十年中，他以他的实际行动和对国家作出的伟大贡献，得到了世人的肯定和赞誉。

茅以升

1941 年，中国工程师学会授予茅以升荣誉奖章。1942 年任杭州钱塘江桥工程处处长。建国后，先后出任中国交通大学、北方交通大学校长、铁道科学研究院院长，九三学社中央副主席和名誉主席等职位。茅以升深知科学技术进步对于国家建设的重要性，1950 年，他又欣然接受铁道技术研究所所长（后为院长）的职务。这时他虽已年过半百，仍以过人的精力，不辞辛劳，开始了铁道科学研究院的创业。经 32 年的辛勤耕耘，该院已发展成专业齐全，实力雄厚的综合研究机构，为铁路科技发展做出了突出贡献。他是铁道科学研究院的奠基人，是铁道科研事业的开拓者，在科研领导工作中一贯主张理论结合实际，强调继续教育，倡导专题经济核算，支持新生事物。1955 年 6 月，他被聘为中科院技术科学部委员，并当选为常委、副主任。还荣获美国国家工程科学院外籍院士，1979 年获美国卡尼基——梅隆大学授予的"卓越校友"奖章。他终身坚持实事求是的科学精神，治学严谨，善于独立思考，勇于开拓创新；他谦虚谨慎，平易近人，严于律己，宽以待人；他数十年如一日，艰苦奋斗，呕心沥血，把毕业精力、知识和智慧毫无保留地奉献给了祖国的教育、科技和桥梁建设事业，赢得了广大知识分子的敬佩和爱戴，他的崇

学风吹过

高形象永远是中国科技工作者的楷模。

茅以升在康奈尔不仅在学习上有了进步，而且在做人上、思想上和追求上也有了一定的提高和升华。在康奈尔大学，他不仅看到美国的桥梁建设事业的发达，而且他还积极吸取国外先进的思想理念。康奈尔大学优秀的学风和对科学的重视，使茅以升感慨良深，他将自己所感受到的和自己的体验都投入了科普事业。由于他所作出的贡献为世人瞩目，1950 年，中华全国科学技术普及协会成立，他当选为副主席。这并没有能够间断他对科普的热爱和追求，他继续思索工作着，用自己的心血写出了多部科普论文和读物，并频频获得大奖。

茅以升

和世界接轨、向世界大领域沟通学习是他从未放弃的想法，为加强国际科技交流，提高中国的国际威望，他曾先后率团访问十多个国家，积极学习别国在造桥方面的优秀经验和成果，并作学术报告。他在华侨知识分子中从事大统一、大团结工作，号召两岸科技工作者为祖国统一"大桥"各修一座"引桥"，使海外华人、港台同胞深受鼓舞。作为中华儿女，茅以升同样积极致力于党的爱国统一战线事业。1952 年，他参加了九三学社，后任中央副主席。为密切党和科技工作者的联系和九三学社的进步与发展，作出了极其重要的贡献。茅以升早就立志为共产主义事业奋斗终身，由于党的统一战线工作的需要，直到 1987 年，党组织才接受他的申请，批准他为中国共产党党员，92 岁高龄的茅以升终于实现了多年的夙愿。

学风吹过

西方思想抚育时代运动领袖

胡适是庚款留美的第二批学生，他在康奈尔大学读书 5 年，把那里看作"第二故乡"。胡适是 1910 年 8 月 16 日从上海坐船去美国的，9 月入康奈尔大学，选读农科。1911 年，胡适仍在康奈尔大学农学院学习。而实际上对于他是否喜欢学习农学？答案可以通过他的一段叙述中得知"我那时很年轻，记忆力又好。考试前夕，努力学习，我对这些苹果还是可以勉强分类和应付考试的。但是我深知考试之后，不出三两天——多一周，我会把那些当时有四百多种苹果的分类，还是要忘记得一干二净。我们中国，实在也没有这多种苹果。所以我认为学农实在是违背了我个人的兴趣。勉强去学，对我说来实在是浪费，甚至愚蠢。因此我在公开讲演中，便时时告诫青年，劝他们对自己的学习前途的选择，千万不要以社会时尚或社会国家之需要为标准。他们应该以自己的兴趣和秉赋，作为选

胡适

科的标准才是正确的。"

1911 年 7 月，胡适被举为赔款学生会中文书记。1912 年 9 月转入文学院，修哲学、经济、文学，11 月发起组织"政治研究会"。12 月胡适代表康奈尔大学大同会，到费城参加世界大同总会，被推为宪法部干事。1913 年仍在康奈尔大学文学院学习，5 月被举为世界学生会会长。1914 年 4 月被委为康奈尔大学学生学生会哲学群学部部长。6 月 17 日，行毕业式，胡适得学士学位。9 月被举为《学生英文月报》主笔之一，负责国内新闻。1915 年 1 月 9 日，康奈尔世界学生会举行十周年纪念庆典，胡适以干事长身份作"世界会之目的"的演说。

由于受到家庭和父亲的影响，胡适 5 岁开始接受启蒙教育，在绩溪老家私塾受过 9 年旧式教育，打下一定的旧学基础。胡适早年在上海的梅溪学堂、澄衷学堂求学，初步接触了西方的思想文化，受到梁启超、严复思想的较大影响。1904 年胡适到上海进新式学校，接受《天演论》等新思潮，并开始在《竞业旬报》上发表白话文章。他 1906 年考入中国公学，1915 年入哥伦比亚大学研究院，师从哲学家杜威，接受了杜威的实用主义哲学，1917 年他完成博士学位论文《古代中国逻辑方法之进化》。在此期间，胡适热心探讨文学改良方案，并尝试着作白话诗。后来他不仅与《新青年》主编陈独秀互相通信探讨，而且发表了《文学改良刍议》一文，更引发了一场声势浩大影响深远的文学革命。1917 年，胡适获哲学博士学位。他在接受了几年的国外思想教育后，学成归国，被聘为北京大学教授，参与《新青年》杂志的编辑，并发表论文《历史的文学观念论》、《建设的文学革命论》，出版新诗集《尝试集》，成为新文化运动中很有影响的人物。1919 年他又发表《多研究些问题，少谈些主义》，主张改良主义。至此一发而不可收，成为新文化运动的

学风吹过

主将之一。

《新青年》杂志

从美国学成回国后，胡适主要从事中国古典小说的研究考证，同时也参与一些政治活动，并一度担任上海公学校长。抗日战争初期出任国民党"国防参议会"参议员，1938年被任命为中国驻美国大使。抗战胜利后，1946年任北京大学校长，后又去了美国和台湾。1954年，胡适任台湾"光复大陆设计委员会"副主任委员。1957年，出任台湾"中央研究院"院长。

胡适是个学识渊博的学者，在文学、哲学、史学、考据学、教育学、伦理学等诸多领域均有不小的建树。就对孔子和儒学的研究而言，在1919年出版《中国哲学史大纲》（上卷）中，胡适首先采用了西方近代哲学的体系和方法研究中国先秦哲学，把孔子和儒学放在一定的历史条件下，用"平等的眼光"与诸子进行比较研究，破除了儒学"独尊"的地位和神秘色彩，具有开创性的影响。以后又发表长篇论文《说儒》，提出"儒是殷民族教士"，"最初的儒都是殷人，都是殷的遗民"，"靠他们的礼教知识为衣食之端，他们都是殷民族的祖先教的教士，行的是殷礼，穿的是殷衣冠"；周灭殷后，"他们背负着保存国人文化的遗风""儒是柔懦之人，不但指那逢衣博带的文绉绉的样子，还指亡国遗民忍辱负重的柔道和人生观"；孔子是殷民族"悬记"而生的

学风吹过

"救世主"，"他从一个亡国民族的教士阶级，变到调和三代文化的师儒"，孔子的最大贡献在于殷民族部落性的"儒"，扩大到"仁以为己任"的儒，把柔懦的"儒"改变到刚毅进取的"儒"。孔子不是"儒"的创造者，而是儒学的中兴者。孔子的学说强调个人在社会中的地位，强调教育和仁政，并以此来影响整个社会。胡适"大胆假说"的观点在当时是惊世骇俗的，他的论证不够充分，不过他假设"儒"在殷时代就有了被后来的甲骨文研究判为事实。

学风吹过

甲骨文

然而，胡适对孔子和儒学并不盲从，他认为"孔教不能适应时势需要"，"现在大多数明白事理的人已打破了孔教的迷梦"（《新思潮的意义》）辛亥革命后的中国社会进步，"不是孔夫子之赐，是大家努力革命的结果，是大家接受一个新世界的新文明的结果。只有向前走是有希望的，开倒车是不会成功的。"（《写在孔子诞辰之后》）对儒家强调的"三纲五常"持批判态度，说："三纲五常"的话，古人认为是真理，因为这种话在古时宗法社会很有点用处。但现在时势变了，国体变了……古时的天经地义现在变成废话了。《实验主义》）胡适著作很多，又经多次编选，比较重要的有《胡适文存》《胡适论学近著》《胡适学术文集》等。

1920 年胡适离开《新青年》，后创办《努力周报》。1923 年与徐志摩等组织新月社。1924 年与陈西滢、王世杰等创办《现代评论》周刊。1932 年与蒋廷、丁文江创办《独立评论》。1948 年胡适离开北平，后转赴美国。胡适一生的学术活动主要在史学、文学和哲学几个方面。他在学术上影响最大的是提倡"大胆的假设、小心的求证"的治学方法。晚年潜心于《水经注》的考证，但未及写出定稿。

五四时期，胡适连续撰写《历史的文学观念论》《建设的文学革命论》等文，提倡"国语的文学，文学的国语"，并相继完成《国语文法概论》《白话文学史》等著作，对白话文取代文言文而成为现代中国人重要的思想和交流工具起了决定性作用。

在理论倡导的同时，胡适进行了一些文学创作的"尝试"。其小说、剧本均未见成功，独有出版于 1902 年的《尝试集》，乃文学史上第一部白话新诗集，颇有开拓之功。

文学创作非其所长，在新文化运动中，胡适另一主要贡献是输入新思想。其《易卜生主义》《贞操问题》，当年都是振聋发聩之作。而从问题与主义之争，到《人权论集》，再到主办《独立评论》，胡适始终坚持独立

胡　适

姿态和批判精神。抗战军兴，胡适出任驻美大使；胜利后又先后担任北京大学校长和中央研究院院长。但其始终保持书生本色，不曾背叛五四主义知识分子。

学风吹过

他同样对五四新文化运动进行了剖析。胡适称五四新文化运动为"中国的文艺复兴",并断言其有四重目的:研究问题;输入学理;整理国故;再造文明。照他的理解,所谓整理国故,就是用科学方法对三千年来破碎的古学进行一番有系统的研究。故胡适治学特重方法,屡次撰文介绍清儒与西哲的"科学方法",以至于再三声称他的学术研究都是为了证明并推广其"科学方法"。他简单而精辟的话语,可谓是全面而且比较深刻,对人们正确认识五四新文化运动提供了理解方向。

胡　适

由于在国外求学时,受到他国社会的政治经济和思想文化影响,他还在治学上有自己的建树。胡适治学有两个主要领域,一是中国哲学史,一是中国文学史。尽管《中国哲学史大纲》只出版了上卷,《白话文学史》也没有下编,可这两部书都是建立规范并奠定学科基础的经典性著作,后人可以赞赏,也可以批评,却无法漠视其存在。前者的平视诸子以及历史的眼光,后者的双线文学观念,都是对上世纪学术发展影响甚深的"大胆假设"。

胡适先生一生为中国的时代运动和文化发展进行了积极的探索和追求,他本着自己的热爱和执着,领尽风骚。虽然,晚年沉醉于《水经注》疑案,下力甚大,可惜成果不尽如人意。不幸的是,胡适先生在1962年2月24日逝世,享年72岁。我们为他的逝世哀悼,然而,人们和历史将永远记住他的名字。

学风吹过

美国没有力学家想要的家

1945 年，谈镐生通过了公费留美考试，1946 年，他怀着科学救国的志向，远渡重洋赴美攻读研究生。他先到加州理工学院，同年转入康

加州理工学院

奈尔大学航空研究生院，在西尔斯教授的指导下，1949 年，他以论文

《有限翼展超音速双翼的波阻》获数学、力学和航空博士学位。毕业后，留在康奈尔大学航空研究生院任研究员，从事激波马赫反射问题、旋翼层流边界层和流体分离区问题的研究，在这些领域内取得的丰硕成果，使他迅速成为国际知名的空气动力学家。

谈镐生的祖籍是常州武进县。父亲谈振华，清末贡生，以教书和当职员为生，有强烈的爱国主义思想，日本侵略军侵占家乡时，曾因抵制悬挂日本国旗险遭杀害，在当地被誉为民族爱国教师。谈镐生 5 岁丧母，10 岁在苏州的小学就读，1929 年进苏州中学，很快就显示出在文学、美术和数学方面的天赋，数理成绩在全班一直名列前茅。高中毕业前，他自学完微分方程、变分法等大学课程。1935 年，他以优异的成绩考入上海交通大学机械工程学院，1939 年获工学士学位。同年，进入成都航空机械学校高级班学习。1940 年毕业后，到中国航空研究院当副研究员。两年内，他解决了滑翔机蒙布张力的测量问题，制成了张力计，并获得奖章。还与老师林致平一同发表了《正向薄板承受边压时的弹性稳定问题》等两篇论文，显示出扎实的基础和科研的才能。他先到加州理工学院，同年转入康奈尔大学航空研究生院。

谈镐生先生在康奈尔有了自己的事业和成就，是世人有目共睹的，在康奈尔他却没有如愿找到自己人生中的另一半。

谈镐生

学风吹过

原来，他是一位在择妻问题上原则性很强的人。虽然在美国生活了20多年，在康奈尔有了自己的一定的地位和影响，并且还有人们羡慕的职位，设备齐全的实验室，蛮声国际的研究成就，事业、名气、物质、地位于他是应有尽有。然而，谈镐生却始终没有建立起一个家，以他的地位和名气，还有外貌和气质，不是没有人追求，更不是没有机会成家。只是对于一个人来讲，原则太强，难免会耽误一些迫待解决的问题。国外优越的环境和美丽的少女始终没有动摇他回国的决心。"我反正是要走的，你将来能跟我回中国吗？"这是谈镐生在与每一位女友相识后千篇一律的首要问题，他的条件，他认为很简单的要求，对于当时所处历史条件下生活在美国的每一个女性来讲都太苛刻了，没有一位女友能接受谈镐生的这一基本条件。正因为如此，他只有孤身回国。1965年，年轻的中华人民共和国刚刚过完她的16岁生日，10月2日，在周恩来总理的亲自过问下，谈镐生毅然舍弃了在美国的荣誉、地位和金钱，风尘仆仆地扑进了祖国的怀抱。他回来了，为了祖国，也为了自己对祖国的一颗忠贞的心。他也是为家回来的，48岁的谈镐生仍同当年离开祖国一样孑然一身。他太孤寂了，需要有一位志同道合的伴侣能促膝交谈；他太疲劳了，需要有一个温馨舒适的家能养精蓄锐。"找个好妻子"，谈镐生在心底默默期盼。

有缘必定千里来相会，命运中的安排是微妙的，在康奈尔留下了这位才子的事业的优异成绩。康奈尔没有给谈镐生一个他想要的温馨的家，他的美好姻缘却成了离开康奈尔以后的美丽故事。

谈镐生生命中的另一半叫邓团子，她是著名爱国将领、中国共产党的老朋友邓宝珊先生的女儿，也是一位工作认真的翻译家。新中国成立的时候，邓团子刚刚20岁出头，她把满腔的热忱和能量都溶在建设新

学风吹过

中国的滚滚洪潮中。无论是在俄专学习还是派去给苏联专家当翻译，她都极认真，以至留给自己的时光是那样的可怜。邓团子生性活泼，文艺体育样样都是活跃分子，再加上长得窈窕秀美，追求的人自然很多。但是，不知为什么，她竟没有选中一位须眉知己。

都说女人18一朵花，可是对于38岁的邓团子来讲，已经算是"老姑娘"了。"文革"中，邓团子的父亲邓宝珊老先生受到冲击，邓团子也就自然而然地成了"反动军阀的臭小姐"，再加上她平

谈镐生夫人邓团子

日心直口快，得罪过一些人，业务精明强干，引起过起某些人嫉妒，于是成了"专政"对象。年龄已经很大的她，在这样的岁月了，即使再坚强，也更加期盼能够有一个肩膀依靠，但当时真是世态炎凉。

世界上毕竟还存在着许多富有同情心的好人，冯力源大姐就是其中之一。冯大姐早年曾和邓家住过街坊，她觉得邓家姑娘虽是大户人家出身，但心眼好，没架子，挺能聊得来。因此，虽然后来两家都迁了新址，但时常也有联系。可巧，谈镐生"文革"中被扫地出门，搬进了两家共用的一个普通单元，和冯大姐成了同住一层楼的邻居。

住的时间长了，楼里的街坊们开始对这位单身的"特嫌"有了新的认识：谈先生这个人有知识，说话随和，为人厚道，怎么看也不像个坏人。一个从美国回来的大科学家，如今买菜做饭，搬煤拖地，洗洗涮涮样样都得亲自下手，难为他，真不易呀。冯大姐想，政治上的事咱管

不了，就帮谈先生找个合适的人操持家吧。找谁呢，冯大姐开动起脑筋在记忆中仔细搜索，这人儿首先要不嫌谈先生的"帽子"，还要知书识礼，模样俊俏，能和谈先生相配，也还要会当家理事，知道心疼人儿，能给谈先生分难解忧"……想呀，想呀，冯大姐脑子里忽然蹦出一个人——团子，团子和谈先生再合适不过了。只是又有一年多没见着邓姑娘了，也不知道她结婚没有。

热心肠的冯大姐倒了两次车来到邓团子工作的外文局，一问才知道她还没有意中人，就侃侃而谈地给她介绍起谈镐生其人。邓团子本来没什么要见谈镐生的意思，她想，一个美国回来的洋博士，说话叽哩咕噜脾气稀奇古怪，过日子挑挑剔剔，快算了吧，我还省下点时间看本书呢。可经不住冯大姐一说再说，邓团子同意见面了。"不过，地点得在我家。"她提出条件。其实，她心里就没认真思量这个事，而只想给卧病在床，又对她的终身大事放心不下的老父亲一点心理上的安慰。

谈镐生

学风吹过

1968年元旦的一个星期天上午，谈镐生以科学家所特有的精确，在约定的时间里敲响了红霞公寓邓家的房门。邓团子默默地打量着眼前这位陌生的学者：普通的蓝布制服棉袄，宽腿布裤，脚上是一双半新不

旧的皮鞋。"倒是没看出什么洋味,"她心里想,脑子里那种先入为主的印象一下被冲淡了许多。

谈镐生(前排左一)

谈镐生顾不上和邓团子说句完整的话,就径直奔向邓宝珊老先生的病榻旁。他问候邓老先生病情,回答邓老先生询问,介绍回国前的情况,阐述对未来的观点……不知不觉中就度过了两个小时。

而邓团子,一言未发,仅仅是在父亲和客人交谈的间隙为他们斟了两次茶。

"吃饭了。"老保姆的"号令"刚刚落音,谈镐生就如同听到逐客令一般抓起围巾匆匆告辞。

"吃了饭我们再聊聊。"邓老先生一个劲儿地挽留他。

"不了,不了,改日再来看您。"谈镐生说着就一步三赶地出了门,"再见。"他看了一眼仍是默默相送的邓团子,只来得及对她说出这样一句完整的话。

邓团子没有想到,谈镐生更没有想到,他们再次见面竟是隔了15个月之后。

一年多的时间,生活发生了许多意想不到的事。和邓团子相依为命的老父亲在那年冬天静悄悄地撒手亡逝,空荡荡的房子里,只剩了老保姆和邓团子作伴。日复一日的劳累,滚滚"洪流"的荡涤,邓团子无暇再考虑自己的"个人问题",她早已忘却了那个曾对她说过"再见"

的陌生客人。

谈镐生没有再去见邓团子，不是他不愿意，而是他不能够。一年多来，他经历了非人的磨难和苦楚，那滋味至今想起还令人涕泪欲下。然而谈镐生的心底忘不了邓团子，尽管只是一面之交，邓团子的气质却深深地吸引了他。难道这就叫一见钟情？已过知天命之年的谈镐生再也抑制不住自己感情。"改造"的绳刚刚松了个扣，他就再次去求助冯大姐。

冯大姐是个爽快人，二话没说，拖着一条拐腿第二次跑到了外文局。她把邓团子叫出门，悄悄问她对谈镐生的印象。"一面之交，又一年多互不通讯，我看算了吧。"邓团子说话倒是痛快，一张嘴就封了门。"不成，"冯大姐苦口婆心地开导起来："如今老先生又没了，就剩下你一个人，连个知冷知热，聊天说话的伴儿都没有怎么成？谈先生人好，不会让你受委屈……"老大姐喋喋不休地讲着，也不管邓团子爱听不爱听。"行了，您甭说了，我再见他一面还不行。"邓团子一方面为老太太跛着脚，流着汗，大老远为自己的事跑来所感动，另一方面也怕出来时间太长单位里造反派发现，赶紧应允。"大姐，您也别跑了，过两天就是'五一'，放假了我上您家去。"

5月2日，邓团子如约来到中关村冯大姐家。老太太叫来谈镐生，自己上街买菜去了。

谈镐生和邓团子有些局促，话不知从何谈起是好。谈镐生到底是男子汉，首先开口打破了窘况："我看到邓老先生逝世的消息了，很为你难过。""不必了，事情已经过去，你又很忙。"邓团子的话既客客气气，又冰冰冷冷。"我不能去呀，我被专政，派去烧锅炉，去了怕连累你。"谈镐生低头喃喃解释。邓团子的心一下子震颤了，她仔细打量着这个在国外备受赞誉，现在却栖身于锅炉房的科学家，心里如同打翻了五味瓶。说不清是惋惜还是同情，邓团子请谈镐生下周去红霞公寓吃饭。

谈镐生

一周一次的相见开始了。邓团子从谈镐生质朴的言谈，天真的"为什么"中渐渐了解到他的为人。也从谈镐生的衣着及"5 点钟以前必须赶回去值班"的日程中体味到了他的苦楚，不知从哪天起，她发现自己同这位海外归来的学者竟有许多共同语言。

这一日，邓团子应谈镐生之邀，到他的斗室去作客。一踏进那间昏暗低矮的小屋，邓团子就感到拥挤得喘不过气来，单人床、皮箱、柜子、没有开封的冰箱和一摞摞的书把屋里塞得满满当当，一尺宽的甬道是唯一的活动空间。谈镐生热情地拿出串了味的茶叶、皱了皮的苹果和一听听各式各样的罐头款待客人，然而所有这一切，却使邓团子的心抽得更紧。

从中关村回来的那个夜晚，邓团子失眠了。她为谈镐生的政治、生活而感到不平，也为国家轻视知识而悲哀，她突然感到自己的心已经被这个遭贬的科学家所占据。邓团子追忆起父亲生前曾对她说过的说："谈镐生这人没架子，没洋味，我见过许多海外回来的人，他算是够朴实的。孩子，我自信这双老眼还不会看错，这是个好人。"这一夜，在辗转反倒之中，邓团子替自己定下了终身。

谈镐生的抉择要较邓团子简单得多，他早已在心底认定妻子的位置

学风吹过

非邓团子莫属。因此见面没几次，他就告诉邓团子：我给大哥写信了，他很赞同我们的事。

20世纪60年代后期的政治气候容不得谈镐生和邓团子有更多的时间漫步在花前月下。夏天，邓团子所在单位传来了要下放的信息。"我们结婚。"当听到邓团子告诉他自己的未来去向时，谈镐生的回答简单而又深情。就这样，几天后，在中关村街道办事处便出现了一对前来登记的初婚夫妻，男的是谈镐生，52岁；女的是邓团子，41岁。

谈镐生

1969年7月23日，谈镐生手提一只皮箱再次走进红霞公寓，从此，他和邓团子携手相伴共度坎坷，一次次迎接命运的挑战。

邓团子被遣送"五七"干校，谈镐生卷起铺盖，甘愿陪她一起去"脱胎换骨"。肉体的劳累与精神的压抑，导致邓团子唯一孕育的胎儿夭折，谈镐生忍着悲痛，夜以继日地守护劝慰。"四人帮"粉碎后，谈镐生仍被来历不明的"冷气"缠裹，邓团子不畏"风寒"，和谈镐生一起突破"寒潮"。

谈镐生鉴于科学院力学学科规划会议开得不理想，写下数千字关于召开全国力学学科发展规划会议建议，邓团子拿来送交有关部门向中央呈报。科技人才青黄不接，谈镐生首先建议在中国恢复研究生制度，实行两级培养人才，邓团子亲自跑到中央党校，把建议呈送当时的校长胡

学风吹过

耀邦。全国力学学科规划会议由谈镐生建议召开，但建议者却被撤销负责开会的职责，邓团子找到有关领导，直言她的看法。全国科学大会召开，以谈镐生的声誉，却得不到一张入场券，邓团子连夜疾书向中央报告，使谈镐生作为特邀代表出席大会。

现在的中央党校综合楼

谈镐生的"特嫌"一直没有平反，邓团子为把事情搞个水落石出，一次次上呈报告申诉。

然而，"冷气"似乎太厚了，粉碎"四人帮"整整9年，谈镐生的档案里仍然装着"特嫌"的材料。谈镐生疲倦了，他说："算了，随它去吧。"邓团子不依，还是一次次申诉。1985年春天，《人民日报》刊登了落实知识分子政策的重要文章，邓团子看了说："镐生，我还要打报告，这是最后一次了，如果还没有人理，我就再也不写了，咱俩安安静静度晚年。"

谈镐生和邓团子的晚年终于安静了。邓小平同志看了新华社记者写

学风吹过

的尽述谈镐生种种不平之遇的内参后，批示道："为什么这种情况现在还不能改正，科学院是些什么人在管事，请查一下。"1985 年 2 月 14 日，中国科学院召开大会，公开宣布为谈镐生平反，邓团子和谈镐生一起，再次度过了一个不眠之夜。

这就是两个平凡人的不平凡爱情。

学

风

吹

过

成就爱国者一生的不朽追求

杨杏佛是我国著名的爱国民主人士，为我国早期的科学教育事业作出了卓越的贡献。杨杏佛在康奈尔大学度过了一生中难忘的岁月并通过

杨杏佛

努力和行动为今后成功的事业奠定了基础。他在康奈尔大学表现出了出众的才华，曾于1914年9月留美中国学生在康奈尔大学举行的年会上作《科学与中国》的演说，获得全校华人演说第一名，为中国留学生和祖国都赢得了荣誉。1908年，杨杏佛赴上海进中国公学读书。在校期间，他很快接受了孙中山倡导的民主思想并加入了中国同盟会。1912年1月，孙中山在南京就任中华民国临时大总统，杨杏佛在总统府任秘书。后来，袁世凯窃国，任中华民国第一大总统，杨杏佛知道孙中山准备辞职后从事中国的实业，就与同事多人申请出国留学，以便学成归国为实业作贡献。后经孙中山批准，由政府稽勋局具体办理

出国事宜，杨杏佛和任鸿隽等30余名"稽勋留学生"被送往美国。杨杏佛进了纽约州倚色佳城的康奈尔大学选读机械专业。

康奈尔是一片圣土和自由宝地，以它独特的魅力吸引了世界各地的学子。在这里，它不仅为学生们提供了一个和谐、宽松、自由的学习环境，同时它也让学子们深深感受到自己国家的"专政"与"民主"风气影响下的不足与差距。像杨杏佛这样的爱国青年，自然而然地感受到了这一点。杨杏佛与任鸿隽等一些留学生在出国前即对清朝末期与民国初年国弱民穷的社会深为愤慨，他们是抱着科学救国的志向去留学的。到美国后，他们不仅真正体会到西方国家工业发达和科学进步，而且深深感受到这些国家的科学杂志及科学团体在科学进步、技术革新和发展生产力方面的重要作用。因此，他们就决定以创办科学杂志、组织科学团体作为报效祖国的实际行动。

杨杏佛和鲁迅

1914年夏，第一次世界大战即将爆发，杨杏佛和他的几个中国留学生朋友一天晚餐后聚集在大同俱乐部廊檐上闲谈，他们各抒己见，侃到天南海北，又谈到世界形势风云变幻。最后，他们想：在国外的学生能够做点什么来为祖国效力呢？于是有人提出，中国所缺的莫过于科学，我们为什么不能刊行一种杂志来向中国介绍科学呢？这个提议立即得到大家的赞同，他们就拟订了一个发行《科学》月刊"缘起"，以筹集资金，进行发行《科学》月刊的准备。在《科学》月刊"缘起"上签名的有：杨杏佛、胡明复、赵元任、任鸿隽等人。不到几个月，社员（注：为发行杂志而组织的一个公司形式的科学社，不是后来作为学术团体的中国科学社）已到 70 余人，股金集到 500 余元，同时杂志的稿件也凑足到足印 3 期的数目。《科学》月刊第 1 期在美国编辑，1915 年 1 月在上海由商务印书馆印行，从倡议到出版第一期仅半年时间，其速度之快在今日中国亦属罕见。杨杏佛等人的工作精神与效率也由此可见一斑。

从《科学》月刊创刊到 1921 年，杨杏佛任编辑部长前后 7 年（注：后因杨杏佛改任中国科学社其他职务，而由王琎接任编辑部长）经手主编共 6 卷 69 期杂志。虽然这些事都是在学习、工作以外的时间来做，但杨杏佛抓得很紧，做事很认真。例如，1916 年 6 月，他写信给已到哈佛学习的胡明复，要他催促负责编辑部在坎布里奇支部工作的赵元任给《科学》月刊寄稿。此信为打油诗形式："自从老胡去，这城天气凉。新屋有风阁，清福过帝王。境闲心不闲，手忙脚更忙。为我告'夫子'，《科学》要文章。"赵元任不久也回赠一首寄杨杏佛："自从老胡来，此地暖如汤，《科学》稿已去，'夫子'不敢当。才完就要做，忙似阎罗王。幸有辟可匿（英文 Picnic 译音，意野餐），那时波士顿坎布里奇的社友还可大乐一场。"杨、赵二人诗中不仅反映了催稿写稿之忙碌状况，也反映了他们为《科学》月刊工作乐而不疲的心情。

杨杏佛不仅征集、审定、修改他人稿件，同时还自己译著文章供《科学》月刊采用。从 1915 至 1924 年的 10 年中，他在《科学》月刊

上共发表文章57篇，平均每年近6篇之多。其中有：科学家传记，如詹天佑传、牛顿传等；科学与其他问题，如科学与商业、科学与反科学

杨杏佛

等；实业，如中国实业之未来、实业难等。这里应特别指出的是，获介绍相对论金奖的《爱因斯坦相对说》一文载于1921年2月5日出版的《科学美国人》杂志，杨杏佛见到后即将其译成中文刊于3月20日出版的《科学》月刊第6卷第3期，前后仅差一个半月，是国内介绍相对论最早的文章之一。由此可见杨杏佛选稿目光敏锐，翻译效率高。《科学》月刊不仅是中国第一份，也是整个五四时期唯一一份综合性科学杂志。五四运动时期，陈独秀创办的《新青年》与中国科学社主办的《科学》月刊，"这两个杂志携手并进，成为宣传民主和科学的主要阵地。民主与科学是新文化运动的两面大旗。科学杂志勇敢地接过科学这面大旗，积极传播科学知识，大力提倡科学方法，热情鼓励科学精神，站在新文化运动的最前列。"

　　杨杏佛对《科学》月刊的前途也非常关心。早在1916年9月中国科学会第一次年会上他就说："不论办什么事起头精神总好，团结力亦坚固，但是时候越久精神就越低，团结力亦衰。若没有新精神新能力，这件事不是敷衍苟且，就要关门散伙。我们《科学》月刊自然是与众不同，到死不懈，但就现在情形而论总不能不怕。"1918年12月13日杨杏佛的日记中也写到："在邹秉文家赴科学社董事会宴请……席终谈

《科学》编辑事，皆以宜振作精神为然，并推定仍以钱崇澍君为总编辑，胡先骕、王季梁（王琎）为副编辑。"他这种强调振作精神、做事要有毅力的思想，对以后主办《科学》月刊的社员产生了积极的影响。在众多优秀的科学社社员的支持下，《科学》月刊"从 1915 年创刊起至 1949 年，共刊行了 32 卷（每卷 12 期）。虽在抗日战争期间仍继续出版。解放后于 1950 年与《自然科学》合并。"反映出中国科学社社员办刊坚忍不拔的毅力和坚定性。

陈独秀

杨杏佛除了《科学》月刊的工作外，还积极主持和参与中国科学社《科学丛书》及其他科学书籍的出版工作。1921 年 6 月 4 日竺可桢给杨杏佛的信说："《地文学》已编就，唯插图尚未竣事。丛书委员事祈吾兄函促董事会即日通告会员。"同年 7 月 22 日商务印书馆王云五从上海给杨杏佛的信说："科学丛书承足下效力，公私交感。现书局定 9 月 1 日开张，足下所交第一次书目计：叔永（任鸿隽）译斯宾塞《教育论》已完，竺可桢《地文学》上册 9 月前可完，秉志《动物学》9 月底可完，以上诸书请将稿件掷下。"1923 年 11 月 9 日任鸿隽给杨杏佛的信说："科学丛书稿已购定谢家荣的《地质学》实价 200 元，当在临时费中支出。"同时，在中国科学社组织编译的《汉译科学大纲》中，杨杏佛参与编译"飞行"篇。1933 年 5 月，任鸿隽同杨杏佛等人合作的《科学名人传》第三次出版。

　　此外，杨杏佛还在其他报刊上发表有关科学的论述。例如，1926年在《民国日报》元旦增刊上发表《科学与革命》一文，文章的结论是："唯有科学与革命合作是救国的一个不二法门。换句话说，便是革命家须有科学的知识，科学家须有革命的精神，共同努力去研究社会问题，以及人生一切的问题，中国才有救药，世界才有光明。"这时，杨杏佛从现实社会中深深认识到，单纯的科学救国已行不通。由于此时他已再度投身革命，故对"科学与革命"体会更深。

　　《科学》月刊创办不久，杨杏佛等人便感到要谋求中国的发达，单单发行一种杂志是不够的。于是，他们又酝酿组织学术团体，并定名为中国科学社。1915 年 10 月 25 日中国第一个学术团体在倚色佳诞生了。第一任社长是

杨杏佛（中）

任鸿隽，书记是赵元任，会计为胡明复，编辑部长为杨杏佛。社员共有70 余人。中国科学社的成员，虽然绝大部分是研究自然科学的，但是他们并不排除研究社会科学的人，这在该社早期活动中尤其显著。在讨论酝酿和发起这个组织的时候，积极参加者除上述几个发起人外，还有胡适、陈仲藩等。中国科学社的成立是 20 世纪"中国科技百年"的一件大事。在五四运动时期"科学研究和普及活动中扮演重要角色的一个不可不提及的社团是中国科学社。"

　　中国科学社自 1915 年成立到建国初期停止活动的几十年中做了四

件大实事：（一）出版书刊。出版了《科学》月刊、《科学画报》、科学丛书、科学译丛、论文专刊。（二）成立图书馆。1929 年为纪念胡明复成立的图书馆，至建国时为止，共有中文书 3 万余册、西文书 2 万余册，自订英、美、法、德、日等国杂志不下 140 余种。（三）建立生物

赵元任

研究所。1922 年成立的生物研究所是我国第一家私立研究所，也是当时国内的唯一科学研究机构。由于所长兼动物部主任秉志、植物部主任胡先骕、钱崇澍都是留美、有学位、学有专长的人，研究人员大半由国立东南大学教授兼任，故研究成果斐然。这个所里出来的人以后成为新中国各地生物科学的领头人，对中国生物学科的发展无可估量。（四）创办中国图书仪器发行公司。杨杏佛虽未参与具体的研究工作，但他为中国科学社募集资金所作的种种努力，为科学研究及其他工作的顺利进行奠定了良好的基础。因为中国科学社是一民间学术团体，又是一个带研究所的学会，工作很多，单靠发起时四五百美元的股本和几百社员交的社费，根本不可能维持正常活动，更不要说建图书馆和生物研究所了。因此，从中国科学社成立之初便一直把发动捐款筹募基金列为首要任务。如 1918 年 11 月 29 日《杏佛日记》中说："晚程孝刚、陈宝年、胡明复诸君来，……叔永亦来，共议科学社筹款事"，1919 年 2 月 27 日的日记又说："合张季直先生所允，共得一万元矣。"1927 年经蔡元培与杨杏佛努力，

学风吹过

科学社得到南京国民政府拨给国库卷40万元，于是在上海建造明复图书馆，同时在南京建造生物研究所的实验室。理事会也通过了设立印刷和发行机构的决议，并于1929年创办中国图书仪器发行公司。中国科学社的成就与杨杏佛密不可分，他在中国科学社推动中国科学事业的活动中作出了积极贡献。

1925年3月，孙中山的病情越来越重。他拉着杨杏佛的手吃力的说："我知道，我将不久于人世，杏佛，革命……尚未成功，你和同志们仍须……仍须努力啊……"这一遗嘱成了杨杏佛一生的座右铭。孙中山逝世后，国民党决定斥巨资80多万两白银修建中山陵，杨杏佛被推举为葬事筹备处主任干事。

孙中山

为了保证中山陵的工程质量，杨杏佛决定公开招标。北京、天津和上海的许多一流建筑公司纷纷前来投标。为了达到中标目的，他们使出浑身解数，往杨杏佛家送礼的人络绎不绝。杨杏佛忐忑不安，怎么解决这个问题呢？他思来想去，终于有了一个两全之策，既让送礼者当时高兴，又不辱没自己的名声。他嘱咐夫人：凡是送礼的，来者不拒，一律打收条，造册登记。国民党中委沈涵对杨杏佛非常嫉妒，想取而代之，便设计陷害他。他派亲信刘发，谎称是大同建筑公司的杨良光，给杨杏佛送去十块金砖、两大包山珍海味。杨杏佛收了"杨良光"的礼，打了收条。刘发拿着杨杏佛收受贿赂的铁证，高高兴兴地出了门。"杨良

光"究竟是干什么的？杨杏佛有点纳闷：一是谈话时，他用错了几个专业术语，不像是搞工程的；二是送如此厚礼的，独此一份；三是似曾见过。于是他悄悄跟踪"杨良光"，一直把他"护送"到沈涵的家门口。

杨杏佛将此事向宋庆龄作了汇报，宋庆龄听后把一张纸条交给了他。杨杏佛打开一看，惊诧不已，问："我写的这张收条怎么会在您这里？"宋庆龄说："沈涵恶人先告状，说他意外得到你收受贿赂的证据，于是就送到我这里来了。"杨杏佛问："您看到我亲笔签名的收条，就一点也不怀疑？"宋庆龄说："我一看到收条就想，这是一条多么巧妙结实的绳索呀，沈涵这只老狐狸被你套住了！"

投标中山陵工程的建筑公司近40家，其中19家给杨杏佛及其下属送了礼。招标会之前，杨杏佛带着他们，包括化名"杨良光"的刘发，参观了礼品陈列室。他们看到各自的公司名称和所送的礼品时，十分尴尬，只好悄悄地溜走了。

杨杏佛是一个思维敏捷，口才甚佳的人。他的演说，"往往庄谐交织，很感动听众。"因此，他进行的科学宣传卓然不群。1916年10月，中国留学生在哈佛大学组织年会，杨杏佛在会上作《中国之实业》演讲，针对中

中山陵

国实业状况，他指出："（中国）欲其不亡，必振兴实业，欲振兴实业必先知过去失败之地位。"这里"实业救国论"是他留学的宗旨。又据

杨小佛回忆："在明复图书馆落成的一年，父亲带我去参加新年晚会的情景距今 40 余年，印象还是很深。那晚的节目有科学魔术和演讲，父亲的讲题是《勤无功，嬉有益》，他举了很多近代科学发明的史实来说明这个问题，如爱迪生做报务员时为了脱身搞科研而发明了自动发电报信号的设备等。目的是提倡多动脑筋，搞发明创造来减轻人的劳动。"

1921 年 10 月 4 日杨杏佛所作的题为《科学的人生观》演讲特别有见地。在这次演讲中他指出，科学的人生观应具有民主、实事求是、淡泊的精神。科学家之研究科学，其所希冀之报酬即在求科学之进步。自古以来，研究自然之学者皆誓以贫终。彼辈目中金钱，无论自有或他人者，仅视为可以增加或改良其工作力之物而已。他还指出："吾国人与西方文化接触，精神之改革未见，物质之嗜好日增，鄙俭德安贫为不足，是以洋房日高，穷民之苦日深。"我国改革开放后，有些人接触了西方，不是吸取国外先进科学技术和经济管理等有益的经验，而只是设法享受西方的物质生活，完全忘记了我们中华民族艰苦奋斗的优良传统。邓小平说："建国以来，我们一直讲艰苦创业，后来日子稍微好一点，就提倡高消费，于是各方面的浪费蔓延，加上思想政治薄弱，法制不健全，什么违法乱纪和腐败现象等等都出来了。"就目前来说，腐败已蔓延到一向被称为清水衙门的教育界、学术界。而杨杏佛早在那时已警告："唯学术之破产，则人虽不亡我，而我且自亡矣。"所以，杨杏佛说："科学家之淡泊精神，就吾国目前状况论，尤当竭力提倡之，培养之。"他还强调："唯国内有学问家、有事业家出，于世界之幸福与真理有所贡献，然后可以得人敬助，然后可以不受人侮。"这些见解十分深刻，至今仍有重要意义。它从根本上提出了要成为科学家必须具有的品德。这样的科学家才能干出科学事业。一个国家、民族，有了人才，干出了事业，对人类有较大的贡献，才能屹立于世界民族之林。反之，如果一个国家出现的腐败蔓延到科学界（学术之破产），则有导致亡国的危险。他以他的口和大脑向人们展示了一个全面的自我。

在康奈尔将近十年的时光，使这位开始还是满腔热血的稚嫩青年成长为一位伟大的爱国者和活动家，他在康奈尔作出了成就，康奈尔成就了他一生为科学和爱国事业的不懈追求。后来回国后，杨杏佛赴江西苏区考察，发表《共产党在中国的状况》英文稿。

杨杏佛墓

次年，杨杏佛与宋庆龄等发起组织中国民权保障同盟，任副会长兼总干事，因组织营救革命志士和进步人士，抗议德国法西斯迫害犹太人等，招致当局仇视。面对威吓利诱，他不为所动。1933年六月十八日早上，身为"中国民权保障同盟"会员的杨杏佛，驾驶汽车徐徐驶到上海租界亚尔培路三三一号（现中央研究院国际出版品交换处）门口的时候，响起了一阵清脆的枪声，随之汽车嘎吱一声失去了驾驶方向。一个凶犯跑过来看了看，迅速的跑向不远处停着的一辆小车上，开着车拉着几个同伙消失了。杨杏佛就这样惨遭特务的毒手。

学风吹过